Mingxiao Mingshi Mingjia Tandushu

名校 名师 名家

谈读书

黄耀新 编著

中国文史出版社

目　　录

老师谈读书

学生谈读书

书目推荐

为什么要编这样一本书

黄耀新

推动中学生读书，是我们这些中学语文老师责无旁贷且刻不容缓的任务。读书，涉及"为什么读""读什么""怎么读"三个基本问题。本书主要解决"读什么"的问题，兼及"为什么读"和"怎么读"的问题。

之所以主要解决"读什么"的问题，源于我们工作室做的一个关于读书的调查。

2019年4月，我们工作室有7位老师对潞河中学2020届实验班、普通班143人，2021届钱学森班、普通班239人，2022届钱学森班75人，共计457人进行了关于学生读书的问卷调查。

第一项：你是否有读书习惯？

1. 是　　　2. 否

你是否有读书兴趣？

1. 是　　　2. 否

调查结果显示：72%的学生有读书习惯。60%的学生有读书兴趣。这个结果有点让我们意外，因为我们从学生日常的语文学习表

1

现尤其作文中，感觉到的是多数学生没有读书习惯，更缺乏读书兴趣。

这是为什么呢？

我们从后面的调查中得出了部分答案。

第八项：你最喜欢读或经常读或最受益的是哪一（几）本书？（请写出书名）

调查结果显示：学生写出的书名五花八门。不同文体、不同题材、不同时代、不同国别等，都有；漫画、评书、流行读物、学术专著等，也都有。多种类，多层次。有18%的同学写了《平凡的世界》，这是重复率最高的，这本书是高考要求读的。不是高考要求读的，重复率最高的是《三体》，有13%的学生写了这本书。在要求阅读的12本名著中，《平凡的世界》易读懂，励志，适合中学生读；刘慈欣的《三体》是热点。如果不是因为这些因素，恐怕选读这两本书的人也会减少许多。学生阅读的书大都各不相同，特别分散，而阅读传统名著的学生很少。显示出学生阅读兴趣、阅读层次和阅读能力的巨大差别。

有的学者说过，许多出版物形式上是书，实质上不过是文字垃圾。我们有同感。学生如果不慎读的是这些东西，自然只是浪费时间，毫无所获或所获极少。再加上多数学生没有精读的习惯，即使读的东西不错，消化得也不好。这应该就是许多学生读书较多却不见语文能力提高的主要原因。

这个调查结果，一方面体现了时代的文化多元，学生可选择的书太多，学生阅读的自主性很强；另一方面，也说明学生读书太盲目，缺乏必要的引导。

为了了解在毫无引导毫无暗示的情况下，学生对于读书最关注什么，我们在问卷的最后设计了这样一个问题：

第十二项：关于读书，请你随便说点什么。

梳理的结果是：学生所说的主要是三个问题。最关注的是"读不读"，接下来的是"读什么"，最后是"何时读"。

关于"读不读"，只有0.4%的学生反对阅读。大家都认可阅读的意义和价值。关于"读什么"，涉及难度、兴趣以及与考试的关系等，也有许多学生表示迷茫。至于"何时读"，有的说时间不够，有的说时间可挤。

从这个问题的调查结果看，"读不读"在认识上已经不是问题了，有读书习惯的又有百分之七十多，因而"读不读"的问题不是主要问题。最需要解决的当是"读什么"的问题。

还有一项调查也表明，学生最需要解决的是"读什么"的问题。

第四项：你觉得怎样做你才能读（你读书还需要什么支持）？
1. 提供书目之类的帮助　2. 有人推荐　3. 伙伴们都在读　4. 家长或老师逼迫　5. 规定时间　6. 其他原因

调查结果，六个选项的排位是："有人推荐"（28%）、"提供书目之类的帮助"（26%）、"规定时间"（21%）、"伙伴们都在读"（17%）、"其他原因"（5%）、"家长或老师逼迫"（3%）。排在前两位的"有人推荐"和"提供书目之类的帮助"，都说明学生最需要解决的是"读什么"的问题。

学生读书迫切需要解决"读什么"的问题，除了上面的理由，还有一个重要理由。

中学阶段，学生三观还没有定型，还处于精神打底的阶段，"底色"一旦出问题，很难纠正，"读什么"极其重要，必须加强引导，提供帮助。

因为这些原因，我们编了这本书。

从上面的调查结果看，许多学生读书需要"有人推荐"，即对所要阅读之书了解更多一点，不是仅仅知道书名、作者。所以本书提供的书目加上了"推介语"。

本书提供的书目有两个来源，一是从调查表中筛选整理的学生喜欢读且值得推荐的书目，二是7位老师根据课程标准和自己的阅读经验提供的书目。

毕竟这是一个文化多元的时代，本书提供的书目在考虑价值观的前提下尽量体现多元文化。

关于读书，许多名家都有精辟的论述，本书选取了一些对中学生阅读具有较强指导意义的篇什。

关于读书，老师和一些喜欢读书的学生也有独到的心得体会，这对中学生阅读指导针对性更强，本书亦择要选取一些。

愿我们的努力，对同学们读书能提供切实有效的帮助。

2019 年 10 月于潞河中学

名家谈读书

为什么读书

胡　适

青年会叫我在未离南方赴北方之前在这里谈谈，我很高兴，题目是"为什么读书"。现在读书运动大会开始，青年会拣定了三个演讲题目。我看第二题目"怎样读书"很有兴味，第三题目"读什么书"更有兴味。第一题目无法讲，为什么读书，连小孩子都知道，讲起来很难为情，而且也讲不好。所以我今天讲这个题目，不免要侵犯其余两个题目的范围，不过我仍旧要为其余两位演讲的人留一些余地。现在我就把这个题目来试一下看。我从前也有过一次关于读书的演讲，后来我把那篇演讲录略事修改，编入三集《文存》里面，那篇文章题目叫作"读书"，其内容性质较近于第二题目，诸位可以拿来参考。今天我就来试试"为什么读书"这个题目。

从前有一位大哲学家做了一篇《读书乐》，说到读书的好处，他说："书中自有千钟粟，书中自有黄金屋，书中自有颜如玉。"这意思就是说，读了书可以做大官，获厚禄，可以不至于住茅草房子，可以娶得年轻的漂亮太太（台下哄笑）。诸位听了笑起来，足见诸位对于这位哲学家所说的话不十分满意。现在我就讲所以要读书的别的原因。

为什么要读书？有三点可以讲：第一，因为书是过去已经知道的知识学问和经验的一种记录，我们读书便是要接受这人类的遗产；第二，为要读书而读书，读了书便可以多读书；第三，读书可以帮助我们解决困难，应付环境，并可获得思想材料的来源。我一踏进青年会的大门，就看见许多关于读书的标语。为什么读书？大概诸位看了这些标语就都已知道了，现在我就把以上三点更详细地说一说。

第一，因为书是代表人类老祖宗传给我们的知识的遗产，我们接受了这遗产，以此为基础，可以继续发扬光大，更在这基础之上，建立更高深更伟大的知识。人类之所以与别的动物不同，就是因为人有语言文字，可以把知识传给别人，又传至后人，再加以印刷术的发明，许多书报便印了出来。人的脑很大，与猴不同，人能造出语言，后来更进一步而有文字，又能刻木刻字；所以人最大的贡献就是留下过去的知识和经验，使后人可以节省许多脑力。非洲野蛮人在山野中遇见鹿，他们就画了一个人和一只鹿以代信，给后面的人叫他们勿追。但是把知识和经验遗给儿孙有什么用处呢？这是有用处的，因为这是前人很好的教训。现在学校里各种教科书，如物理、化学、历史等等，都是根据几千年来进步的知识编纂成书的。一年、两年，或者三年，教完一科。自小学、中学，而至大学毕业，这十六年中所受的教育，都是代表我们老祖宗几千年来得来的知识学问和经验。所谓进化，就是叫人节省劳力。蜜蜂虽能筑巢，能发明，但传下来就只有这一点知识，没有继续去改革改良，以应付环境，没有做格外进一步的工作。人呢，达不到目的，就再去求进步，而以前人的知识学问和经验做参考。如果每样东西，要个个人从头学起，而不去利用过去的知识，那不是太麻烦吗？所以人有了这知识的遗产，就可以自己去成家立业，就可以缩短工作，使有余力做别的事。

第二点稍复杂，就是为读书而读书。读书不是那么容易的一件事情，不读书不能读书，要能读书才能多读书。好比戴了眼镜，小的可以放大，糊涂的可以看得清楚，远的可以变为近。读书也要戴眼镜。眼镜越好，读书的了解力也越大。王安石对曾子固说："读经而已，则不足以知经。"所以他对于《本草》《内经》、小说，无所不读，这样对于经才可以明白一些。王安石说："致其知而后读。"

请你们注意，他不说读书以致知，却说，先致知而后读书。读书固然可以扩充知识；但知识越扩充了，读书的能力也越大。这便是"为读书而读书"的意义。

试举《诗经》做一个例子。从前的学者把《诗经》看作"美""刺"的圣书，越讲越不通。现在的人应该多预备几副好眼镜，人类学的眼镜、考古学的眼镜、文法学的眼镜、文学的眼镜。眼镜越多越好，越精越好。例如"野有死麕，白茅包之。有女怀春，吉士诱之"；我们若知道比较民俗学，便可以知道打了野兽送到女子家去求婚，是平常的事。又如"钟鼓乐之，琴瑟友之"，也不必说什么文王太姒，只可看作少年男子在女子的门口或窗下奏乐唱和，这也是很平常的事。再从文法方面来观察，像《诗经》里"之子于归""黄鸟于飞""凤凰于飞"的"于"字；此外，《诗经》里又有几百个的"维"字，还有许多"助词""语词"，这些都是有作用而无意义的虚字，但以前的人却从未注意及此。这些字若不明白，《诗经》便不能懂。再说在《墨子》一书里，有点光学、力学，又有点经济学。但你要懂得光学，才能懂得墨子所说的光；你要懂得各种知识，才能懂得《墨子》里一些最难懂的文句。总之，读书是为了要读书，多读书更可以读书。最大的毛病就在怕读书，怕读难书。越难读的书我们越要征服它们，把它们作为我们的奴隶或向导，我们才能够打倒难书，这才是我们的"读书乐"。若是我们有了基本的科学知识，那么，我们在读书时便能左右逢源。我再说一遍，读书的目的在于读书，要读书越多才可以读书越多。

第三点，读书可以帮助解决困难，应付环境，供给思想材料。知识是思想材料的来源。思想可分作五步。思想的起源是大的疑问。吃饭拉屎不用想，但逢着三岔路口、十字街头那样的环境，就发生困难了。走东或走西，这样做或是那样做，有了困难，才有思想。第二步要把问题弄清，究竟困难在哪一点上。第三步才想到如何解决，这一步，俗话叫作出主意。但主意太多，都采用也不行，必须要挑选。但主意太少，或者竟全无主意，那就更没有办法了。第四步就是要选择一个假定的解决方法。要想到这一个方法能不能解决。若不能，那么，就换一个；若能，就行了。这好比开锁，这一个钥匙开不开，就换一个；假定是可以开的，那么，问题就解决了。第五步就是证实。凡是有条理的思想都要经过这步，或是逃不了这五个阶段。科学家要解决问题，侦探要侦探案件，多经过这五步。

这五步之中，第三步是最重要的关键。问题当前，全靠有主意。主意从哪儿来呢？从学问经验中来。没有知识的人，见了问题，两眼白瞪瞪，抓耳挠腮，一个主意都不来。学问丰富的人，见着困难问题，东一个主意，西一个主意，挤上来，涌上来，请求你录用。读书是过去知识学问经验的记录，而知识学问经验就是要用在这时候，所谓养军千日，用在一朝。否则，学问一些都没有，遇到困难就要糊涂起来。例如达尔文把生物变迁现象研究了几十年，却想不出一个原则去整统他的材料。后来无意中看到马尔萨斯的《人口论》，说人口是按照几何学级数一倍一倍地增加，粮食是按照数学级数增加，达尔文研究了这原则，忽然触机，就把这原则应用到生物学上去，创了物竞天择的学说。读了经济学的书，可以得着一个解决生物学上的困难问题，这便是读书的功用。古人说的"开卷有益"，正是此意。读书不是单为文凭功名，只因为书中可以供给学问知识，可以帮助我们解决困难，可以帮助我们思想。又譬如从前的人以为地球是世界的中心，后来天文学家哥白尼却主张太阳是世界的中心，绕着地球而行。据罗素说，哥白尼所以这样地解说，是因为希腊人已经讲过这句话；假使希腊人没有这句话，恐怕更不容易有人敢说这句话吧。这也是读书的好处。

有一家书店印了一部旧小说叫作《醒世姻缘》，要我作序。这部书是西周生所著的，印好后在我家藏了六年，我还不曾考出西周生是谁。这部小说讲到婚姻问题，其内容是这样：有个好老婆，不知何故，后来忽然变坏，作者没有提及解决方法，也没有想到可以离婚，只说是前世作孽，因为在前世男虐待女，女就投生换样子，压迫者变为被压迫者。这种前世作孽，起先相爱，后来忽变的故事，我仿佛什么地方看见过。后来忽然想起《聊斋》一书中有一篇和这相类似的笔记，也是说到一个女子，起先怎样爱着她的丈夫，后来怎样变为凶太太，便想到这部小说大约是蒲留仙或是蒲留仙的朋友做的。去年我看到一本杂记，也说是蒲留仙做的，不过没有多大证据。今年我在北京，才找到了证据。这一件事可以解释刚才我所说的第二点，就是读书可以帮助读书，同时也可以解释第三点，就是读书可以供给出主意的来源。当初若是没有主意，到了逢着困难时便要手足无措，所以读书可以解决问题，就是军事、政治、财政、思想等问题，也都可以解决。这就是读书的用处。

我有一位朋友，有一次傍着灯看小说。洋灯装有油，但是不亮，因为灯芯短了。于是他想到《伊索寓言》里有一篇故事，说是一只老鸦要喝瓶中的水，因为瓶太小，得不到水，它就衔石投瓶中，水乃上来。这位朋友是懂得化学的，于是加水于灯中，油乃碰到灯芯。这是看《伊索寓言》给他看小说的帮助。读书好像用兵，养兵求其能用，否则即使坐拥十万二十万的大兵也没有用处，难道只好等他们"兵变"吗？

至于"读什么书",下次陈钟凡先生要讲演,今天我也附带地讲一讲。我从五岁起到了四十岁,读了三十五年书。我可以很诚恳地说,中国旧籍是经不起读的。中国有五千年文化,"四部"的书已是汗牛充栋。究竟有几部书应该读,我也曾经想过。其中有条理有系统的精心结构之作,二千五百年以来恐怕只有半打。"集"是杂货店,"史"和"子"还是杂货店。至于"经",也只是杂货店。讲到内容,可以说没有一些东西可以给我们改进道德增进知识的帮助的。中国书不够读,我们要另开生路,辟殖民地。这条生路,就是每一个少年人必须至少要精通一种外国文字。读外国语要读到有乐而无苦,能做到这地步,书中便有无穷乐趣。希望大家不要怕读书,起初的确要查阅字典,但假使能下一年苦功,继续不断做去,那么,在一二年中定可开辟一个乐园,还只怕求知的欲望太大,来不及读呢。我总算是老大哥,今天我就根据我过去三十五年读书的经验,给你们这一个临别的忠告。

(黄耀新推荐)

怎样读书

胡 适

我们平常读书的时候，所感到的有三个问题：一、要读什么书；二、读书功用；三、读书方法。

关于要读什么书的一个问题，在《京报》上已经登了许多学者所选定的"青年必读书"，不过这于青年恐怕未必有多大好处，因为都是选者依照个人的主观的见解选定的，还不如读青年自己所爱读的书好。

读书的功用，从前的人无非是为做官，或者以为读了书，"颜如玉""黄金屋"一类的东西就会来；现在可不然了，知道读书是求知识，为做人。

读书的方法，据我个人的经验，有两个条件：一、精；二、博。

精

从前有"读书三到"的读书法，实在是很好的；不过觉得三到有点不够，应该有四到：是眼到、口到、心到、手到。

眼到 是个个字都要认得。中国字的一点一撇，外国的 a，b，c，d，一点也不可含糊，一点也不可放过。那句话初看似很容易，然而我国人犯这错误的毛病的偏是很多。记得有人翻译英文，误"port"为"pork"，于是"葡萄酒"一变而为"猪肉"了。这何尝不是眼不到的缘故。谁也知道，书是集字而成的，要是字不能认清，就无所谓读书，也不必求学。

口到　前人所谓口到，是把一篇能烂熟地背出来。现在虽没有人提倡背书，但我们如果遇到诗歌以及精彩的文章，总要背下来。它至少能使我们在作文的时候得到一种好的影响，但不可模仿。中国书固然要如此，外国书也要那样去做。进一步说，念书能使我们懂得它文法的结构和其他的关系。我们有时在小说和剧本上遇到好的句子，尚且要把它记下来，那关于思想学问上的，更是要紧了。

心到　是要懂得每一句、每一字的意思。做到这一点，要有另外的帮助，有三个条件：

（一）参考书，如字典、词典、类书等。平常说："工欲善其事，必先利其器。"我们读书，第一要工具完备。

（二）做文法上的分析。

（三）有时须比较、参考、融会、贯通。往往几个平常的字，有许多解法，倘是轻忽过去，就容易生出错误来。例如，英文中的一个 turn 字，作 vt. 有 15 解；作 vi. 有 13 解；作 n. 有 26 解；共有 54 解。又如 strike，vt. 有 31 解；vi. 有 16 解；n. 有 18 解；共有 65 解。又如 go，vi. 有 22 解；vt. 有 3 解；n. 有 9 解；共有 34 解。

又如中文的"言"字、"于"字、"维"字，都是意义很多的，只靠自己的能力有时固然看不懂，字典里也查不出来，到了这时候非参考比较和融会贯通不可了。

还有前人关于心到很重要的几句话，拿它来说一说。宋人张载说"读书先要会疑"，"于不疑处有疑方是进矣"。又说："可疑而不疑者，不曾学，学则须疑。""学贵心悟，守旧无功。"

手到 何谓手到？有几个意思：

（一）标点分段。

（二）查参考书。

（三）做札记。札记分为四种：

（甲）抄录备忘。

（乙）提要。

（丙）记录心得。记录心得也很重要，张横渠曾说："心中苟有所开，即便札记，否则还失之矣。"

（丁）参考诸书而融会贯通之，做有系统之文章。

手到的功用，可以帮助心到。我们平常所吸收进来的思想，无论是听来的，或者是看来的，不过在脑子里有一点好或坏的模糊而又零碎的东西罢了。倘若费一番功夫，把它芟除的芟除、整理的整理，综合起来做成札记，然后那经过整理和综合的思想，就永久留在脑中，于是这思想就属于自己的了。

博

就是什么书都读。中国人所谓"开卷有益"，原也是这个意思。我们为什么要博呢？有两个答案：一、博是为参考；二、博是为做人。

博是为参考。有几个人为什么要戴眼镜呢？（学时髦而戴眼镜的，不在此问题内。）干脆答一句：是因看不清楚，戴了眼镜以后，就可以看清楚了。现在戴了眼镜，看是清楚的，可是不戴眼镜的时候看去还是糊涂的。王安石先生《答曾子固书》里说：

读经而已，则不足以知经。故某自百家诸子之书，至于《难经》《素问》《本草》诸小说，无所不读；农夫女工，无所不问；然后于经为能知其大体而无疑。盖后世之学者，与先王之时异矣；不如是，不足以尽圣人故也。……致其知而后读，以有所去取，故异学不能乱也。唯其不能乱，故能有所去取者，所以明吾道而已。

他"读经而已，则不足以知经"。我们要推开去说：读一书而已，则不足以知其书。比如我们要读《诗经》，最好先去看一看北大的《歌谣周刊》，便觉《诗经》容易懂。倘先去研究一点社会学、文字学、音韵学、考古学等等以后去看《诗经》，就比前更懂得多了。倘若研究一点文学、校勘学、伦理学、心理学、数学、光学以后去看《墨子》，就能全明白了。

大家知道的达尔文研究生物演进状态的时候，费了三十多年的光阴，积了许多材料，但是总想不出一个简单的答案来；偶然读那马尔萨斯的《人口论》，便大悟起来，了解了那生物演化的原则。

所以我们应该多读书，无论什么书都读，往往一本极平常的书中，埋伏着一个很大的暗示。书既是读得多，则参考资料多，看一本书，就有许多暗示从书外来。用一句话包括起来，就是王安石所谓"致其知而后读"。

博是为做人。像旗杆似的孤零零地只有一技之艺的人固然不好，就是说起来什么也能说的人，然而一点也不精，仿佛是一张纸，看去虽大，其实没有什么实质的也不好。我们理想中的读书人是又精又博，像金字塔那样，又大，又高，又尖。所以我说："为学当如埃及塔，要能博大要能高。"

（黄耀新推荐）

我的读书经验

蔡元培

我自十余岁起，就开始读书，读到现在，将满六十年了，中间除大病或其他特别原因外，几乎没有一日不读点书的，然而我也没有什么成就，这是读书不得法的缘故。我把不得法的概略写出来，可以为前车之鉴。

我的不得法第一是不能专心。我初读书的时候，读的都是旧书，不外乎考据辞章两类。我的嗜好，在考据方面，是偏于诂训及哲理的，对于典章名物，是不大耐烦的；在辞章上，是偏于散文的，对于骈文及诗词，是不大热心的。然而以一物不知为耻，种种都读，并且算学书也读，医学书也读，都没有读通。所以我曾经想编一部说文声系义证，又想编一本公羊春秋大义，都没有成书，所为文辞，不但骈文诗词，没有一首可存的，就是散文也太平凡了。到了四十岁以后我始学德文，后来又学法文，我都没有好好儿做那记生字练文法的苦工，而就是生吞活剥看书，所以至今不能写一篇合格的文章，做一回短期的演说。在德国进大学听讲以后，哲学史、文学史、文明史、心理学、美学、美术史、民族学统统去听，那时候这几类的参考书，也就乱读起来了。后来虽勉自收缩，以美学与美术史为主，辅以民族学，然而他类的书终不能割爱，所以想译一本美学，想编一部比较的民族学，也都没有成书。

　　我的不得法，第二是不能动笔。我的读书，本来抱一种利己主义，就是书里面的短处，我不大去搜寻它，我正注意于我所认为有用的或可爱的材料。这本来不算坏，但是我的坏处，就是我虽读的时候注意于这几点，但往往为速读起见，无暇把这几点摘抄出来，或在书上做一点特别的记号。若是有时候想起来，除了德文书检目特详，尚易检寻外，其他的书，几乎不容易寻到了。我国现虽有人编"索引""引得"等等，专门的辞典，也逐渐增加，寻检自然较易，但各人有各自的注意点，普通的检目，断不能如自己记别的方便。我尝见胡适之先生有一个时期，出门时常常携一两本线装书，在舟车上或其他忙里偷闲时翻阅，见到有用的材料，就折角或以铅笔做记号。我想他回家后或者尚有摘抄的手续。我记得有一部笔记，说王渔洋读书时，遇有新隽的典故或词句，就用纸条抄出，贴在书斋壁上，时时览读，熟了就揭去，换上新得的，所以他记得很多。这虽是文学上的把戏，但科学上何尝不可以仿作呢？我因从来懒得动笔，所以没有成就。

　　我的读书的短处，我已经经验了许多的不方便，特地写出来，望读者鉴于我的短处，第一能专心，第二能动笔，这一定有许多成效。

（张艳茹推荐）

论 读 书

林语堂

　　读书本是一种心灵的活动，向来算为清高。"万般皆下品，惟有读书高。"所以读书向称为雅事乐事。但是现在雅事乐事已经不雅不乐了。今人读书，或为取资格，得学位，在男为娶美女，在女为嫁贤婿；或为做老爷，踢屁股；或为求爵禄，刮地皮；或为做走狗，拟宣言；或为写讣闻，做贺联；或为当文牍，抄账簿；或为做相士，占八卦；或为做塾师，骗小孩……诸如此类，都是借读书之名，取利禄之实，皆非读书本旨。亦有人拿父母的钱，上大学，跑百米，拿一块大银盾回家，在我是看不起的，因为这似乎亦非读书的本旨。

　　今日所谈，亦非指学堂中的读书，亦非指读教授所指定的功课，在学校读书有四不可。

　　一、所读非书。学校专读教科书，而教科书并不是真正的书。今日大学毕业的人所读的书极其有限。然而读一部《小说概论》，到底不如读《三国》《水浒》；读一部历史教科书，不如读《史记》。二、无书可读。因为图书馆存书不多，可读的书极有限。三、不许读书。因为在课室看书，有犯校规，例所不许。倘是一人自晨至晚上课，则等于自晨至晚被监禁起来，不许读书。四、书读不好。因为处处受训导处干涉，毛孔骨节，皆不爽快。且学校所教非慎思明辨之学，乃记问之学。记问之学不足为人师，《礼记》早已说过。书上怎样说，你便怎样答，一字不错，叫作记问之学。倘是你能猜中教员心中要你如何答法，照样答出，便得一百分，于是沾沾自喜，自以为西洋历史你知道一百分，其实西洋历史你何尝知道百分之一。学堂所以非注重记问之学不可，是因为便于考试。如拿破仑生卒年月，形容词共有几种，这些不必用头脑，只需强记，然学校考试极其便当，差一年可扣一分；然而事实上于学问无补，你们的教员，也都记不得。要用时自可在百科全书上去查。又如罗马帝国之亡，有三大原因，书上这样讲，你们照样记，然而事实上问题极复杂。有人说罗马帝国之亡，是亡于蚊子（传布寒热疟），这是书上所无的。

今日所谈的是自由地看书读书：无论是在校，离校，做教员，做学生，做商人，做政客，有闲必读书。这种的读书，得以开茅塞，除鄙见，得新知，增学问，广识见，养性灵。人之初生，都是好学好问，及其长成，受种种俗见俗闻所蔽，毛孔骨节，如有一层包膜，失了聪明，逐渐顽腐。读书便是将此层蔽塞聪明的包膜剥下。能将此层剥下，才是读书人。并且要时时读书，不然便会鄙吝复萌，顽见俗见生满身上，一人的落伍、迂腐、冬烘，就是不肯时时读书所致。所以读书的意义，是使人较虚心，较通达，不固陋，不偏执。一人在世上，对于学问是这样的：幼时认为什么都不懂，大学时自认为什么都懂，毕业后才知道什么都不懂，中年又以为什么都懂，到晚年才觉悟一切都不懂。大学生自以为心理学他也念过，历史地理他亦念过，经济科学也都念过，世界文学艺术声光化电，他也念过，所以什么都懂。毕业以后，人家问他国际联盟在哪里，他说"我书上未念过"，人家又问法西斯蒂在意大利如何，他也说"我书上未念过"，所以觉得什么都不懂。到了中年，许多人娶妻生子，造洋楼，有身份，做名流，戴眼镜，留胡子，拿洋棍，沾沾自喜，那时他的世界已经固定了：女人放胸是不道德，剪发亦不道德，社会主义就是共产党，读《马氏文通》是反动，节制生育是亡种逆天，提倡白话是亡国之先兆，《孝经》是孔子写的，大禹必有其人……意见非常之多而且确定不移，所以又是什么都懂。其实是此种人久不读书，鄙吝复萌所致。此种人不可与之深谈。但亦有常读书的人，老当益壮，其思想每每比青年急进，就是能时时读书所以心灵不曾化石，变为古董。

读书的主旨在于排脱俗气。黄山谷谓人不读书便语言无味、面目可憎。须知世上语言无味、面目可憎的人很多，不但商界政界如此，学府中亦颇多此种人。然语言无味、面目可憎在官僚商贾亦无妨，在读书人是不合理的。所谓面目可憎，不可作面孔不漂亮解，因为并非不能奉承人家，排出笑脸，所以"可憎"；胁肩谄媚，面孔漂亮，便是"可爱"。若欲求美男子小白脸，尽可于跑狗场、跳舞场及政府衙门中求之。有漂亮面孔、说漂亮话的政客，未必便面貌不可憎。

读书与面孔漂亮没有关系，因为书籍并不是雪花膏，读了便会增加你的容辉。所以面目可憎不可憎，在你如何看法。有人看美人专看脸蛋，凡有鹅脸柳眉皓齿朱唇都叫美人。但是识趣的人如李笠翁看美人专看风韵，笠翁所谓三分容貌有姿态等于六七分，六七分容貌乏姿态等于三四分。有人面目平常，然而谈起话来，使你觉得可爱；也有满脸脂粉的摩登伽、洋囡囡，做花瓶，做客厅装饰甚好，但一与交谈，风韵全无，便觉得索然无味。黄山谷所谓面目可憎不可憎亦只是指读书人之议论风采说法。若《浮生六记》中的芸，虽非西施面目，并且前齿微露，我却觉得是中国第一美人。男子也是如此看法。章太炎脸孔虽不漂亮，王国维虽有一条辫子，但是他们是有风韵的，不是语言无味、面目可憎的，简直可认为可爱。亦有漂亮政客，做武人的兔子姨太太，说话虽然漂亮，听了却令人作呕三日。

至于语言无味（着重"味"字），那全看你所读的是什么书及读书的方法。读书读出味来，语言自然有味，语言有味，做出文章亦必有味。有人读书读了半世，亦读不出什么味儿来，那是因为读不合的书，及不得其读法。读书须先知味。这"味"字，是读书的关键。所谓味，是不可捉摸的，一人有一人胃口，各不相同，所好的味亦异，所以必先知其所好，始能读出味来。有人自幼嚼书本，老大不能通一经，便是食古不化勉强读书所致。袁中郎所谓读所好之书，所不好之书可让他人读之，这是知味的读法。若必强读，消化不来，必生疳积胃滞诸病。

口之于味，不可强同，不能因我之所嗜好以强人。先生不能以其所好强学生去读，父亲亦不得以其所好强儿子去读。所以书不可强读，强读必无效，反而有害，这是读书之第一义。有愚人请人开一张必读书目，硬着头皮咬着牙根去读，殊不知读书须求气质相合。人之气质各有不同，英人俗语所谓"在一人吃来是补品，在他人吃来是毒质"（One's meat is another's poison）。因为听说某书是名著，因为要做通人，硬着头皮去读，结果必毫无所得。过后思之，如做一场噩梦。甚至终身视读书为畏途，提起书名来便头痛。萧伯纳说许多英国人终身不看莎士比亚，就是因为幼年塾师强迫背诵种下的恶果。许多人离校以后，终身不再看诗，不看历史，亦是旨趣未到学校迫其必修所致。

所以读书不可勉强，因为学问思想是慢慢怀胎滋长出来的。其滋长自有滋长的道理，如草木之荣枯，河流之转向，各有其自然之势。逆势必无成就。树木的南枝遮阴，自会向北枝发展，否则枯槁以待毙。河流遇了矶石悬崖，也会转向，不是硬冲，只要顺势流下，总有流入东海之一日。世上无人人必读之书，只有在某时某地某种心境下不得不读之书。有你所应读，我所万不可读，有此时可读，彼时不可读。即使有必读之书，亦绝非此时此刻所必读。见解未到，必不可读，思想发育程度未到，亦不可读。孔子说五十可以学《易》，便是说四十五岁时尚不可读《易经》。刘知几少读古文《尚书》，挨打亦读不来，后听同学读《左传》，甚好之，求授《左传》，乃易成诵。《庄子》本是必读之书，然假使读《庄子》觉得索然无味，只好放弃，过了几年再读，对《庄子》感觉兴味，然后读《庄子》。对马克思感觉兴味，然后读马克思。

且同一本书，同一作者，一时可读出一时之味道来。其景况适如看一名人相片，或读名人文章，未见面时，是一种味道，见了面交谈之后，再看其相片，或读其文章，自有另外一层深切的理会。或是与其人绝交之后，看其照片，读其文章，亦另有一番味道。四十学《易》是一种味道，五十而学《易》，又是一种味道，所以凡是好书都值得重读的。自己见解愈深，学问愈进，愈读得出味道来。譬如我此时重读 Lamb 的论文，比幼时所读全然不同，幼时虽觉其文章有趣，没有真正魂灵的接触，未深知其文之佳境所在。一人背痛，再去读范增的传，始觉趣味。或是叫许钦文在狱中读清初犯文字狱的文人传记，才别有一番滋味在心头。

由是可知读书有两方面，一是作者，一是读者。程子谓《论语》读者有此等人与彼等人，有读了全然无事者；亦有读了不知手之舞之足之蹈之者。所以读书必以气质相近，而凡人读书必找一位同调的先贤，一位气质与你相近的作家，作为老师。这是所谓读书必须得力一家。不可昏头昏脑，听人戏弄，庄子亦好，荀子亦好，苏东坡亦好，程伊川亦好。一人同时爱庄荀，或同时爱苏程是不可能的事。找到思想相近之作家，找到文学上之情人，必胸中感觉万分痛快，而灵魂上发生猛烈影响，如春雷一鸣，蚕卵孵出，得一新生命，入一新世界。George Eliot（乔治·爱略特）自叙读《卢梭自传》，如触电一般。尼采师叔本华，萧伯纳师易卜生，虽皆非及门弟子，而思想相承，影响极大。当二子读叔本华、易卜生时，思想上起了大影响，是其思想萌芽学问生根之始。因为气质性灵相近，所以乐此不疲，流连忘返；流连忘返，始终可深入，深入后，如受春风化雨之赐，欣欣向荣，学业大进。谁是气质与你相近的先贤，只有你知道，也无须人家指导，更无人能勉强，你找到这样一位作家，自会一见如故。苏东坡初读《庄子》，如有胸中久积的话，被他说出，袁中郎夜读徐文长诗，叫唤起来，叫复读，读复叫，便是此理。这与"一见倾心"之性爱（love at first sight）同一道理。你遇到这样的作家，自会恨相见太晚。一人必有一人中意的作家，各人自己去找去。找到了文学上的爱人，他自会有魔力吸引你，而你也乐为所吸，甚至声音相貌，一颦一笑，亦渐与相似。这样浸润其中，自然获益不少，将来年事渐长，厌此情人，再找别的情人，到了经过两三个情人，或是四五个情人，大概你自己也已受了熏陶不浅，思想已经成熟，自己也就成了一位作家。若找不到情人，东览西阅，所读的未必能沁入魂灵深处，便是逢场作戏。逢场作戏，不会有心得，学问不会有成就。

知道情人滋味便知道"苦学"二字是骗人的话。学者每为"苦学"或"困学"二字所误。读书成名的人，只有乐，没有苦。据说古人读书有追月法、刺股法及丫头监读法，其实都是很笨。读书无兴味，昏昏欲睡，始拿锥子在股上刺一下，这是愚不可当。一人书本排在面前，有中外贤人向你说极精彩的话，尚且想睡觉，便应当去睡觉，刺股亦无益。叫丫头陪读，等打盹时唤醒你，已是下流，亦应去睡觉，不应读书。而且此法极不卫生。不睡觉，只有读坏身体，不会读出书的精彩来。若已读出书的精彩来，便不想睡觉，故无丫头唤醒之必要。刻苦耐劳，淬砺奋勉是应该的，但不应视读书为苦。视读书为苦，第一着已走了错路。天下读书成名的人皆以读书为乐；汝以为苦，彼却沉湎以为至乐。必如一人打麻将，或如人偕妓冶游，流连忘返，寝食俱废，始读出书来。以我所知国文好的学生，都是偷看几百万言的《三国》《水浒》而来，绝不是一学年读五六十页文选，国文会读好的。试问在偷读《三国》《水浒》的人，读书有什么苦处？何尝算页数？好学的人，于书无所不窥，窥就是偷看。于书无所不偷看的人，大概学会成名。

有人读书必装腔作势，或嫌板凳太硬，或嫌光线太弱，这就是读书未入门，未觉兴味所致。有人做不出文章，怪房间冷，怪蚊子多，怪稿纸发光，怪马路上电车声音太嘈杂，其实都是因为文思不来，写一句，停一句。一人不好读书，总有种种理由。"春天不是读书天，夏日炎炎最好眠，等到秋来冬又至，不如等待到来年。"其实读书是四季咸宜。所谓"书淫"之人，无论何时何地可读书皆手不释卷，这样才成读书人样子。顾千里裸体读经，便是一例，即使暑气炎热，至非裸体不可，亦要读经。欧阳修在马上厕上皆可做文章，因为文思一来，非做不可，非必正襟危坐明窗净几才可做文章。一人要读书，则澡堂、马路、洋车上、厕上、图书馆、理发室，皆可读。

读书须有胆识，有眼光，有毅力。"胆识"二字拆不开，要有识，必敢有自己意见，即使一时与前人不同亦不妨。前人能说得我服，是前人是，前人不能服我，是前人非。人心之不同如其面，要脚踏实地，不可舍己从人。诗或好李，或好杜，文或好苏，或好韩，各人要凭良知，读其所好，然后所谓好，说得好的理由出来。或某名人文集，众人所称而你独恶之，则或系汝自己学力见识未到，或果然汝是而人非。学力未到，等过几年再读若学力已到而汝是人非，则将来必发现与汝同情之人。刘知几少时读前后汉书，怪前书不应有《古今人表》，后书宜为更始立纪，当时闻者责以童子轻议前哲，乃"赧然自失，无辞以对"，后来偏偏发现张衡、范晔等，持见与之相同，此乃刘知几之读书胆识。因其读书皆得之襟腑，非人云亦云，所以能著成《史通》一书。如此读书，处处有我的真知灼见，得一分见解，是一分学问，除一种俗见，算一分进步，才不会落入圈套，满口滥调，一知半解，似是而非。

（张艳茹推荐）

谈 读 书

梁实秋

我常常听人说，他想读一点书，苦于没有时间。我不太同情这种说法。不管他是多么忙，他总不至于忙得一点时间都抽不出来。

一天当中如果抽出一小时来读书，一年就有三百六十五小时，十年就有三千六百五十小时，积少成多，无论研究什么都会有惊人的成绩。零碎的时间最宝贵，但是也最容易丢弃。

我记得陆放翁有两句诗，"呼僮不应自升火，待饭未来还读书"，这两句诗给我的印象很深。待饭未来的时候是颇难熬的，用以读书岂不甚妙？我们的时间往往于不知不觉中被荒废掉，例如，现在距开会还有五十分钟，于是什么事都不做了，磨磨蹭蹭，五十分钟便打发掉了。

如果用这时间读几页书，岂不较为受用？至于在"度周末"的美名之下把时间大量消耗的人，那就更不必论了。他是在"杀时间"，实在也是在杀他自己。

一个人在学校读书的时间是最值得羡慕的一段时间，因为他没有生活的负担，时间完全是他自己的。但是很少人充分地把握住这个机会，多多少少地把时间浪费掉了。学校的教育应该是启发学生好奇求知的心理，鼓励他自动地往图书馆里去钻研。假如一个人在学校读书，从来没有翻过图书馆书目卡片，没有借过书，无论他的功课成绩多么好，我想他将来多半不能有什么成就。

英国的一个政治家兼作者威廉·科贝特（1762—1835）写过一本书《对青年人的劝告》，其中有一段"如何利用零碎时间"，我觉得很感动人，译抄如下：

> 文法的学习并不需要减少办事的时间，也不需要占去必须的运动时间。平常在茶馆咖啡馆用掉的时间以及附带着的闲谈所用掉的时间——一年中所浪费掉的时间——如果用在文法的学习上，便会使你在余生中成为一个精确的说话者写作者。你们不需要进学校，用不着课室，无须费用，没有任何麻烦的情形。

> 我学习文法是在每日赚六便士当兵卒的时候，床的边沿或岗哨铺位的边沿便是我们研习的座位，我的背包便是我的书架子，一小块木板放在腿上便是我的写字台，而这工作并未用掉一整年的工夫。我没钱去买蜡烛油；在冬天除了火光以外我很难得在夜晚有任何光，而那也只好等到我轮值时才有。

> 如果我在这种情形之下，既无父母又无朋友给我以帮助与鼓励，居然能完成这工作，那么任何年轻人，无论多穷苦，无论多忙，无论多缺乏房间或方便，又有什么借口不去珍惜时间呢？为了买一支笔或一张纸，我被迫放弃一部分粮食，虽然是在半饥饿的状态中。

> 在时间上没有一刻钟可以说是属于自己的，我必须在十来个最放肆而又随便的人们之高谈阔论歌唱嬉笑吹哨吵闹当中阅读写作，而且是在他们毫无顾忌的时间里。

莫要轻视我偶尔花掉的买纸笔墨水的那几文钱。那几文钱对于我是一笔大款！除了为我们上市购买食物所费之外，我们每人每星期所得不过是两便士。

我再说一遍，如果我能在此种情形下完成这项工作，世界里可能有一个青年能找出借口说办不到吗？哪一位青年读了我这篇文字，若是还要说没有时间没有机会研习这学问中最重要的一项，他能不羞惭吗？

以我而论，我可以老实讲，我之所以成功，得力于严格遵守我在此讲给你们听的教条者，过于我的天赋的能力；因为天赋能力，无论多少，比较起来用处较少，纵然以严肃和克己来相辅，但如果我在早年没有养成那爱惜光阴之良好习惯，便无法获得现在拥有的知识积累。

我在军队获得非常的擢升，有赖于此者胜过其他任何事物。我是"永远有备"；如果我在十点要站岗，我在九点就准备好了：从来没有任何人或任何事在等候我片刻时光。

年过二十岁，从上等兵立刻升到军士长，越过了三十名中士，应该成为大家嫉恨的对象；但是这早起的习惯以及严格遵守我讲给你们听的教条，确曾消灭了那些嫉恨的情绪，因为每个人都觉得我所做的乃是他们所没有做的而且是他们所永不会做的。

节选于《如何利月零碎时间》

（三永娟推荐）

25

谈 读 书

朱光潜

　　书是读不尽的，就读尽也是无用，许多书都没有一读的价值。多读一本没有价值的书，便丧失可读一本有价值的书的时间和精力，所以须慎加选择。真正能够称为"书"的恐怕还难上十卷百卷。你应该读的只是这十卷百卷的书。在这些书中间你不但可以得到较真确的知识，而且可以于无形中吸收大学者治学的精神和方法。这些书才能撼动你的心灵，激动你的思考。你与其读千卷万卷的诗集，不如读一部《国风》或《古诗十九首》，你与其读千卷万卷谈希腊哲学的书籍，不如读一部柏拉图的《理想国》。

　　中国学生们大半是少年老成，在中学时代就欢喜煞有介事地谈一点学理。他们——包括你和我自然都在内——不仅欢喜谈谈文学，还要研究社会问题，甚至于哲学问题。这既是一种自然倾向，也就不能漠视，我个人的见解也不妨提起和你商量商量。十五六岁以后的教育宜重理解，十五六岁以前的教育宜重想象。所以初中的学生们宜多读想象的文字，高中的学生才应该读含有学理的文字。

　　我自己便没曾读过几本"青年必读书"，老早就读些壮年必读书。比方中国书里，我最欢喜《国风》、《庄子》、《楚辞》、《史记》、《古诗源》、《文选》中的《书笺》、《世说新语》、《陶渊明集》、《李太白集》、《花间集》、《张惠言词选》、《红楼梦》等等。在外国书里，我最欢喜济慈、雪莱、柯尔律治、白朗宁诸人的诗集，索福克勒斯的七悲剧，莎士比亚的《哈姆雷特》《李尔王》和《奥塞罗》，歌德的《浮士德》，易卜生的戏剧集，屠格涅夫的《处女地》和《父与子》，陀思妥耶夫斯基的《罪与罚》，福楼拜的《包法利夫人》，莫泊桑的小说集，小泉八云关于日本的著作等等。

读书方法，我不能多说，只有两点须在此约略提起：第一，凡值得读的书至少须读两遍。第一遍须快读，着眼在醒豁全篇大旨与特色。第二遍须慢读，须以批评态度衡量书的内容。第二，读过一本书，须笔记纲要精彩和你自己的意见。记笔记不仅可以帮助你记忆，而且可以逼得你仔细。

学问不只是读书，而读书究竟是学问的一个重要途径。因为学问不仅是个人的事而是全人类的事，每科学问到了现在的阶段，是全人类分途努力日积月累所得到的成就，而这成就还没有淹没，就全靠有书籍记载流传下来。读书是要清算过去人类成就的总账，把几千年的人类思想经验在短促的几十年内重温一遍，把过去无数亿万人辛苦获来的知识教训集中到读者一个人身上去受用。有了这种准备，一个人总能在学问途程上作万里长征，去发见新的世界。

历史愈前进，人类的精神遗产愈丰富，书籍愈浩繁，而读书也就愈不易。书籍固然可贵，却也是一种累赘，可以变成研究学问的障碍。它至少有两大流弊。第一，书多易使读者不专精。我国古代学者因书籍难得，皓首穷年才能治一经，书虽读得少，读一部却就是一部，口诵心惟，咀嚼得烂熟，透入身心，变成一种精神的原动力，一生受用不尽。其次，书多易使读者迷方向。许多初学者贪多而不务得，在无足轻重的书籍上浪费时间与精力，就不免把基本要籍耽搁了，比如：学哲学者尽管看过无数种的哲学史和哲学概论，却没有看过一种柏拉图的《对话集》；学经济学者尽管读过无数种的教科书，却没有看过亚当·斯密的《原富》。

读书并不在多，最重要的是选得精，读得彻底。与其读十部无关轻重的书，不如以读十部书的时间和精力去读一部真正值得读的书；与其十部书都只能泛览一遍，不如取一部书精读十遍。"好书不厌百回读，熟读深思子自知"，这两句诗值得每个读书人悬为座右铭。世间许多人读书只为装点门面，如暴发户炫耀家私，以多为贵。这在治学方面是自欺欺人，在做人方面是趣味低劣。

读的书当分种类，一种是为获得世界公民所必需的常识，一种是为做专门学问。为获常识起见，目前一般中学和大学初年级的课程，如果认真学习，也就很够用。所谓认真学习，熟读讲义课本并不济事，每科必须精选要籍三五种来仔细玩索一番。常识课程总共不过十数种，每种选读要籍三五种，总计应读的书也不过五十部左右。这不能算是过奢的要求。一般读书人所读过的书大半不止此数，他们不能得实益，是因为他们没有选择，而阅读时又只潦草滑过。

常识不但是世界公民所必需，就是专门学者也不能缺少它。近代科学分野严密，治一科学问者多故步自封，以专门为借口，对其他相关学问毫不过问。这对于分工研究或许是必要，而对于淹通深造却是牺牲。宇宙本为有机体，其中事理彼此息息相关，牵其一即动其余，所以研究事理的种种学问在表面上虽可分别，在实际上却不能割开。世间绝没有一科孤立绝缘的学问。比如政治学须牵涉历史、经济、法律、哲学、心理学以至于外交、军事等等，如果一个人对于这些相关学问未曾问津，入手就要专门习政治学，愈前进必愈感困难，如老鼠钻牛角，愈钻愈窄，寻不着出路。其他学问也大抵如此，不能通就不能专，不能博就不能约。先博学而后守约，这是治任何学问所必守的程序。我们只看学术史，凡是在某一科学问上有大成就的人，都必定于许多他科学问有深广的基础。

有些人读书，全凭自己的兴趣。今天遇到一部有趣的书就把预拟做的事丢开，用全副精力去读它；明天遇到另一部有趣的书，仍是如此办，虽然这两书在性质上毫不相关。这种读法有如打游击，亦如蜜蜂采蜜。它的好处在使读书成为乐事，对于一时兴到的著作可以深入，久而久之，可以养成一种不平凡的思路与胸襟。它的坏处在使读者泛滥而无所归宿，缺乏专门研究所必需的"经院式"的系统训练，产生畸形的发展，对于某一方面知识过于重视，对于另一方面知识可以很蒙昧。如果一个人有时间与精力允许他过享乐主义的生活，不把读当作工作而只当作消遣，这种蜜蜂采蜜式的读书法原亦未尝不可采用。但是一个人如果抱有成就一种学问的志愿，他就不能不有预定计划与系统。

读书必须有一个中心去维持兴趣，或是科目，或是问题。以科目为中心时，就要精选那一科要籍，一部一部地从头读到尾，以求对于该科得到一个概括的了解，做进一步高深研究的准备。读文学作品以作家为中心，读史学作品以时代为中心，也属于这一类。以问题为中心时，心中先须有一个待研究的问题，然后采关于这问题的书籍去读，用意在搜集材料和诸家对于这问题的意见，以供自己权衡去取，推求结论。重要的书仍须全看，其余的这里看一章，那里看一节，得到所要搜集的材料就可以丢手。这是一般做研究工作者所常用的方法，对于初学不相宜。不过初学者以科目为中心时，仍可约略采取以问题为中心的微意。一书作几遍看，每一遍只着重某一方面。苏东坡与王郎书曾谈到这个方法：

少年为学者，每一书皆作数次读之。当如入海百货皆有，人之精力不能并收尽取，但得其所欲求者耳。故愿学

29

者每一次作一意求之，如欲求古今兴亡治乱圣贤作用，且只作此意求之，勿生余念；又别作一次求事迹文物之类，亦如之。他皆仿此。若学成，八面受敌，与慕涉猎者不可同日而语。

朱子尝劝他的门人采用这个方法。它是精读的一个要诀，可以养成仔细分析的习惯。举看小说为例，第一次但求故事结构，第二次但注意人物描写，第三次但求人物与故事的穿插，以至于对话、辞藻、社会背景、人生态度等等都可如此逐次研求。

读书要有中心，有中心才易有系统组织。比如看史书，假定注意的中心是教育与政治的关系，则全书中所有关于这问题的史实都被这中心联系起来，自成一个系统。以后读其他书籍如经子专集之类，自然也常遇着关于政教关系的事实与理论，它们也自然归到从前看史书时所形成的那个系统了。一个人心里可以同时有许多系统中心，如一部字典有许多"部首"，每得一条新知识，就会依物以类聚的原则，汇归到它的性质相近的系统里去，就如拈新字贴进字典里去，是人旁的字都归到人部，是水旁的字都归到水部。大凡零星片断的知识，不但易忘，而且无用。每次所得的新知识必须与旧有的知识联络贯串，这就是说，必须围绕一个中心归聚到一个系统里去，才会生根，才会开花结果。

记忆力有它的限度，要把读过的书所形成的知识系统，原本枝叶都放在脑里储藏起，在事实上往往不可能。如果不能储藏，过目即忘，则读亦等于不读。我们必须于脑以外另辟储藏室，把脑所储藏不尽的都移到那里去。这种储藏室在从前是笔记，在现代是卡片。记笔记和做卡片有如植物学家采集标本，须分门别类订成目录，采得一件就归入某一门某一类，时间过久了，采集的东西虽极多，却各有班位，条理井然。这是一个极合乎科学的办法，它不但可以节省脑力，储有用的材料，供将来的需要，还可以增强思想的条理化与系统化。

（张艳茹推荐）

我的读书经验

冯友兰

我今年八十七岁了，从七岁上学起就读书，一直读了八十年，其间基本上没有间断，不能说对于读书没有一点经验。我所读的书，大概都是文、史、哲方面的，特别是哲。我的经验总结起来有四点：一、精其选；二、解其言；三、知其意；四、明其理。

先说第一点。古今中外，积累起来的书真是多极了，真是浩如烟海，但是，书虽多，有永久价值的还是少数。可以把书分为三类，第一类是要精读的，第二类是可以泛读的，第三类是仅供翻阅的。所谓精读，是说要认真地读，扎扎实实地一个字一个字地读。所谓泛读，是说可以粗枝大叶地读，只要知道它大概说的是什么就行了。所谓翻阅，是说不要一个字一个字地读，不要一句话一句话地读，也不要一页一页地读。就像看报纸一样，随手一翻，看看大字标题，觉得有兴趣的地方就大略看看，没有兴趣的地方就随手翻过。听说在中国初有报纸的时候，有些人捧着报纸，就像念"五经""四书"一样，一字一字地高声朗诵。照这个办法，一天的报纸，念一天也念不完。大多数的书，其实就像报纸上的新闻一样，有些可能轰动一时，但是昙花一现，不久就过去了。所以，书虽多，真正值得精读的并不多。下面所说的就指值得精读的书而言。

怎样知道哪些书是值得精读的呢？

对于这个问题不必发愁。自古以来，已经有一位最公正的评选家，有许多推荐者向它推荐好书。这个选家就是时间，这些推荐者就是群众。历来的群众，把他们认为有价值的书，推荐给时间。时间照着他们的推荐，对于那些没有永久价值的书都刷下去了，把那些有永久价值的书流传下来。从古以来流传下来的书，都是经过历来群众的推荐，经过时间的选择，流传了下来。我们看见古代流传下来的书，大部分都是有价值的，我们心里觉得奇怪，怎么古人写的东西都是有价值的。其实这没有什么奇怪，他们所作的东西，也有许多没有价值的，不过这些没有价值东西，没有为历代群众所推荐，在时间的考验上，落了选，被刷下去了。

现在我们所称谓"经典著作"或"古典著作"的书都是经过时间考验，流传下来的。这一类的书都是应该精读的书。当然随着时间的推移和历史的发展，这些书之中还要有些被刷下去。不过直到现在为止，它们都是榜上有名的，我们只能看现在的榜。

我们心里先有了这个数，就可随着自己的专业选定一些须要精读的书。这就是要一本一本地读，所以在一个时间内只能读一本书，一本书读完了才能读第二本。在读的时候，先要解其言。这就是说，首先要懂得它的文字；它的文字就是它的语言。语言有中外之分，也有古今之别。就中国的汉语笼统地说，有现代汉语，有古代汉语，古代汉语统称为古文。详细地说，古文之中又有时代的不同，有先秦的古文，有两汉的古文，有魏晋的古文，有唐宋的古文。中国汉族的古书，都是用这些不同的古文写的。这些古文，都是用一般汉字写的，但是仅只认识汉字还不行。我们看不懂古人用古文写的书，古人也不会看懂我们现在的报纸。这叫语言文字关。攻不破这道关，就看不见这道关里边是什么情况，不知道关里边是些什么东西，只好在关外指手画脚，那是不行的。我所说的解其言，就是要攻破这一道语言文字关。当然要攻这道关的时候，要先做许多准备，用许多工具，如字典和词典等工具书之类。这是当然的事，这里就不多谈了。

中国有句老话说是"书不尽言，言不尽意"，意思是说，一部书上所写的总要比写那部书的人的话少，他所说的话总比他的意思少。一部书上所写的总要简单一些，不能像他所要说的话那样啰唆。这个缺点倒有办法可以克服。只要他不怕啰唆就可以了。好在笔墨纸张都很便宜，文章写得啰唆一点无非是多费一点笔墨纸张，那也不是了不起的事。可是言不尽意那种困难，就没有法子克服了。因为语言总离不了概念，概念对于具体事物来说，总不会完全合适，不过是一个大概轮廓而已。比如一个人说，他牙痛。牙是一个概念，痛是一个概念，牙痛又是一个概念。其实他不仅止于牙痛而已。那个痛，有一种特别的痛法，有一定的大小范围，有一定的深度。这都是很复杂的情况，不是仅仅"牙痛"两个字所能说清楚的，无论怎样啰唆他也说不出来的，言不尽意的困难就在于此。所以在读书的时候，即使书中的字都认得了，话全懂了，还未必能知道作书的人的意思。

从前人说，读书要注意字里行间，又说读诗要得其"弦外音，味外味"。这都是说要在文字以外体会它的精神实质。这就是知其意。司马迁说过："好学深思之士，心知其意。"意是离不开语言文字的，但有些是语言文字所不能完全表达出来的。如果仅只局限于语言文字，死抓住语言文字不放，那就成为死读了。死读书的人就是书呆子。语言文字是帮助了解书的意思的拐棍。既然知道了那个意思以后，最好扔了拐棍。这就是古人所说的"得意忘言"。在人与人的关系中，过河拆桥是不道德的事。但是，在读书中，就是要过河拆桥。

上面所说的"书不尽言""言不尽意"之下，还可再加一句"意不尽理"。理是客观的道理；意是著书的人的主观的认识和判断，也就是客观的道理在他的主观上的反映。理和意既然有主观客观之分，意和理就不能完全相合。人总是人，不是全知全能。他的主观上的反映、体会和判断，和客观的道理总要有一定的差距，有或大或小的错误。

所以读书仅至得其意还不行，还要明其理，才不至于为前人的意所误。如果明其理了，我就有我自己的意。我的意当然也是主观的，也可能不完全合乎客观的理。但我可以把我的意和前人的意互相比较，互相补充，互相纠正。这就可能有一个比较正确的意。这个意是我的，我就可以用它处理事务，解决问题。好像我用我自己的腿走路，只要我心里一想走，腿就自然而然地走了。读书到这个程度就算是能活学活用，把书读活了。会读书的人能把死书读活；不会读书的人能把活书读死。把死书读活，就能把书为我所用；把活书读死，就是把我为书所用。能够用书而不为书所用，读书就算读到家了。

从前有人说过："六经注我，我注六经。"自己明白了那些客观的道理，自己有了意，把前人的意作为参考，这就是"六经注我"。不明白那些客观的道理，甚而至于没有得古人所有的意，而只在语言文字上推敲，那就是"我注六经"。只有达到"六经注我"的程度，才能真正地"我注六经"。

（张艳茹推荐）

对我影响最大的几本书

季羡林

　　我是一个最枯燥乏味的人，枯燥到什么嗜好都没有。我自比是一棵只有枝干并无绿叶更无花朵的树。

　　如果读书也能算是一个嗜好的话，我的唯一嗜好就是读书。

　　至于哪几部书对我影响最大，几十年来我一贯认为是两位大师的著作：在德国是亨利希·吕德斯（Heinrich Lüders），我老师的老师；在中国是陈寅恪先生。两个人都是考据大师，方法缜密到神奇的程度。从中也可以看出我个人兴趣之所在。我禀性板滞，不喜欢玄之又玄的哲学。我喜欢能摸得着看得见的东西，而考据正合吾意。

　　我在下面介绍的只限于中国文学作品。外国文学作品不在其中。我的专业书籍也不包括在里面，因为太冷僻。

一、司马迁的《史记》

　　《史记》这一部书，很多人都认为它既是一部伟大的史籍，又是一部伟大的文学作品。我个人同意这个看法。平常所称的《二十四史》中，尽管水平参差不齐，但是哪一部也不能望《史记》之项背。

《史记》之所以能达到这个水平，司马迁的天才当然是重要原因；但是他的遭遇起的作用似乎更大。他无端受了宫刑，以致郁闷激愤之情溢满胸中，发而为文，句句皆带悲愤。他在《报任少卿书》中已有充分的表露。

二、《世说新语》

这不是一部史书，也不是某一个文学家和诗人的总集，而只是一部由许多颇短的小故事编纂而成的奇书。有些篇只有短短几句话，连小故事也算不上。每一篇几乎都有几句或一句隽语，表面简单淳朴，内容却深奥异常，令人回味无穷。六朝和稍前的一个时期内，社会动乱，出了许多看来脾气相当古怪的人物，外似放诞，内实怀忧。他们的举动与常人不同。此书记录了他们的言行，短短几句话，而栩栩如生，令人难忘。

三、陶渊明的诗

有人称陶渊明为"田园诗人"。笼统言之，这个称号是恰当的。他的诗确实与田园有关。"采菊东篱下，悠然见南山"，这样的名句几乎是家喻户晓的。从思想内容上来看，陶渊明颇近道家，中心是纯任自然。从文体上来看，他的诗简易淳朴，毫无雕饰，与当时流行的镂金错彩的骈文迥异其趣。因此，在当时以及以后的一段时间内，对他的诗的评价并不高，在《诗品》中，仅列为中品。但是，时间越后，评价越高，最终成为中国伟大诗人之一。

四、李白的诗

李白是中国文学史上最伟大的天才之一，这一点是谁都承认的。杜甫对他的诗给予了最高的评价："白也诗无敌，飘然思不群。清新庾开府，俊逸鲍参军。"李白的诗风飘逸豪放。根据我个人的感受，读他的诗，只要一开始，你就很难停住，必须读下去。原因我认为是，李白的诗一气流转，这一股"气"不可抗御，让你非把诗读完不行。这在别的诗人作品中，是很难遇到的现象。在唐代，以及以后的一千多年中，对李白的诗几乎只有赞誉，而无批评。

五、杜甫的诗

杜甫也是一个伟大的诗人，千余年来，李杜并称。但是二人的创作风格却迥乎不同：李是飘逸豪放，而杜则是沉郁顿挫。从使用的格律上，也可以看出二人的不同。七律在李白集中比较少见，而在杜甫集中则颇多。摆脱七律的束缚，李白是没有枷锁跳舞；杜甫善于使用七律，则是戴着枷锁跳舞，二人的舞都达到了极高的水平。在文学批评史上，杜甫颇受到一些人的指摘，而对李白则绝无仅有。

六、南唐后主李煜的词

南唐后主李煜的词传留下来的仅有三十多首，可分为前后两期：前期仍在江南当小皇帝，后期则已降宋。后期词不多，但是篇篇都是杰作，纯用白描，不作雕饰，一个典故也不用，话几乎都是平常的白话，老妪能解；然而意境却哀婉凄凉，千百年来打动了千百万人的心。在词史上巍然成一大家，受到了文艺批评家的赞赏。但是，对王国维在《人间词话》中赞美后主有佛祖的胸怀，我却至今尚不能解。

七、苏轼的诗文词

中国古代赞誉文人有三绝之说。三绝者，诗、书、画三个方面皆能达到极高水平之谓也，苏轼至少可以说已达到了五绝：诗、书、画、文、词。因此，我们可以说，苏轼是中国文学史和艺术史上最全面的伟大天才。论诗，他为宋代一大家。论文，他是唐宋八大家之一。笔墨凝重，大气磅礴。论书，他是宋代苏、黄、米、蔡四大家之首。论词，他摆脱了婉约派的传统，创豪放派，与辛弃疾并称。

八、纳兰性德的词

宋代以后，中国词的创作到了清代又掀起了一个新的高潮。名家辈出，风格不同，又都能各极其妙，实属难能可贵。在这群灿若列星的词家中，我独独喜爱纳兰性德。他是大学士明珠的儿子，生长于荣华富贵中，然而却胸怀愁思，流溢于楮墨之间。这一点我至今还难以得到满意的解释。从艺术性方面来看，他的词可以说是已经达到了完美的境界。

九、吴敬梓的《儒林外史》

胡适之先生给予《儒林外史》极高的评价。诗人冯至也酷爱此书。我自己也是极为喜爱《儒林外史》的。

此书的思想内容是反科举制度，昭然可见，用不着细说，它的特点在艺术性上。吴敬梓惜墨如金，从不作冗长的描述。书中人物众多，各有特性，作者只讲一个小故事，或用短短几句话，活脱脱一个人就仿佛站在我们眼前，栩栩如生。这种特技极为罕见。

十、曹雪芹的《红楼梦》

在古今中外众多的长篇小说中，《红楼梦》是一颗璀璨的明珠，是状元。中国其他长篇小说都没能成为"学"，而"红学"则是显学。《红楼梦》描述的是一个大家族的衰微的过程。本书特异之处也在它的艺术性上。书中人物众多，男女老幼，主子奴才，五行八作，应有尽有。作者有时只用寥寥数语而人物就活灵活现，让读者永远难忘。读这样一部书，主要是欣赏它的高超的艺术手法。那些把它政治化的无稽之谈，都是不可取的。

（张艳茹推荐）

读书铸造了我的人生

肖云儒

读书铸造了我的人生。我的母亲是江西省图书馆的馆长，我从小就在书堆里长大，经常在一排排的书架里玩藏猫猫。长大后，我慢慢地明白，书籍对我人生的影响非常大，读书让我认识到人生的价值、生命的意义。我能够到西安来工作和书有很大的关系，我母亲就我一个孩子，我的父亲在我很小的时候就牺牲了。我大学毕业的那一年，组织上曾经告诉母亲，我可以分回江西。当我征求母亲的意见时，母亲告诉我："你当然到西安，因为西安的文化分量比南昌更大。"于是，我来到了西安，而且我将在这儿终老一生。

读书需要好的方法，才能事半功倍。我读了一辈子书，总结出了"即读、急读、积读"的读书方法。首先，"即读"。即时随意地读书，养成一种读书的习惯。我基本上每天睡前一小时，躺在床上读书、翻阅杂志、浏览新闻。这种读书很闲适，也不需要很用心，这叫即读。其次，"急读"。有时，我要为一本小说写评论就需要急读。记得贾平凹老师曾有一本书我要写评论，那时候我加夜班读这本书，然后再看相关的理论书，查阅相关的参考资料，带着问题围绕着一个写作目标、一个研究目标来读书，这叫急读。再次，"积读"。积淀性的阅读，在前面两个基础上，系统地读书，精读一些书。例如，作为一个文化人，起码要读中国国学中的"四书""五经"、楚辞、唐诗宋词、明清小说、元曲、民国以来现当代的文学，按照积淀读书的方法，通读一遍，打好基础。积淀读书就是一定要把重点放在史、论、典三方面。一定要读史，只有了解中国历史才能知道去读什么书；一定要有理论，一定要知道基本的理论体系；一定要读经典，读那些被历史检验过的典籍性、经典性的书籍。史、论、典，是积累性阅读必要的前提。我读书就是这样，即时性地翻读、浏览，集中一个目标去阅读、去思考，然后积累性、积淀性地去系统地读一些东西打基础，大概这就是一种阅读状态。

读书是一个形象思维的过程。读书与看影视作品不一样，影视作品是直观的，有图像，有声音。书籍没有，只有文字这种符号。所以我们把电视叫空间艺术，把音乐叫时间艺术，把文学叫符号艺术。比如读《红楼梦》中的贾宝玉这个人物形象，必须要阅读关于他的描写，然后转换成一个形象。无论是文学的阅读过程，还是理论的阅读过程，都需要大脑进行艰巨的再创造。所以一个现代人如果没有养成阅读习惯，他的思维就会受到影响，他的再创造能力就会萎缩。人不能总是直观地去看图像。尽管读图时代是社会的一个进步，但是读图时代却掩盖了一种危机，就是让人不再阅读，失去创造力。所以，第一首先要养成读书的习惯；第二如果不是做学术研究，我建议不必进行积累性的阅读。但是一定要养成即读的习惯，经常浏览报刊，经常跑跑书店，经常跑跑图书馆，哪怕站在书架面前翻一翻。

书籍是我们人类的知识成果的结晶。读书是我们快速提升人生的一个渠道，读书铸造了我们完美的人格，包括爱情、友谊。人如果不读书，这个人就处在形而下世界；只有读了书，人才同时具备形而下生存和形而上生存。

（邵红梅推荐）

谈 读 书

周国平

读书犹如采金。有的人是沙里淘金，读破万卷，小康而已。有的人是点石成金，随手翻翻，便成巨富。

书籍少的时候，我们往往从一本书中读到许多东西。我们读到书中有的东西，还读出了更多的书中没有的东西。

如今书籍愈来愈多，我们从书中读到的东西却愈来愈少。我们对书中有的东西尚且挂一漏万，更无暇读出书中没有的东西了。

自我是一个凝聚点。不应该把自我溶解在大师们的作品中，而应该把大师们的作品吸收到自我中来。对于自我来说，一切都只是养料。

有两种人不可读太多的书：天才和白痴。天才读太多的书，就会占去创造的工夫，甚至窒息创造的活力，这是无可弥补的损失。白痴读书愈多愈糊涂，愈发不可救药。

天才和白痴都不需要太多的知识，尽管原因不同。倒是对于处在两极之间的普通人，知识较为有用，可以弥补天赋的不足，可以发展实际的才能。所谓"貂不足，狗尾续"，而貂已足和没有貂者是用不着续狗尾的。

要读好书，一定要避免读坏书。所谓坏书，主要是指那些平庸的书。读坏书不但没有收获而且损失莫大。一个人平日读什么书，会在听觉中形成一种韵律，当他写作的时候，他就会不由自主地跟着这韵律走。因此，大体而论，读书的档次决定了写作的档次。

对我们影响最大的书往往是我们年轻时读的某一本书，它的力量多半不缘于它自身，而缘于它介入我们生活的那个时机。那是一个最容易受影响的年龄，我们好歹要崇拜一个什么人，如果没有，就崇拜一本什么书。后来重读这本书，我们很可能对它失望，并且诧异当初它何以使自己如此心醉神迷。但我们不必惭愧，事实上那是我们的精神初恋，而初恋对象不过是把我们引入精神世界的一个诱因罢了。当然，同时它也是一个征兆，我们早期着迷的书的性质大致显示了我们的精神类型，预示了我们后来精神生活的走向。

年长以后，书对我们很难再有这般震撼效果了。无论多么出色的书，我们和它都保持着一个距离。或者是我们的理性已经足够成熟，或者是我们的情感已经足够迟钝，总之我们已经过了精神初恋的年龄。

（张艳茹推荐）

读书的癖好

周国平

人的癖好五花八门，读书是其中之一。但凡人有了一种癖好，也就有了看世界的一种特别眼光，甚至有了一个属于他的特别的世界。不过，和别的癖好相比，读书的癖好能够使人获得一种更为开阔的眼光、一个更加丰富多彩的世界。

根据我的经验，人之有无读书的癖好，在少年甚至童年时便已见端倪。那是一个求知欲汹涌勃发的年龄，不必名篇佳作，随便一本稍微有趣的读物就能点燃对书籍的强烈好奇。回想起来，使我发现书籍之可爱的不过是上小学时读到的一本普通的儿童读物。那里面讲述了一个淘气孩子的种种恶作剧，逗得我不停地捧腹大笑，从此以后，我对书不再是视若不见，我眼中有了一个书的世界，看得懂、看不懂的书都会使我眼馋心痒，我相信其中一定藏着一些有趣的事情，等待我去见识。现在我觉得，一个人读什么书诚然不是一件次要的事情，但前提还是要有读书的爱好，而只要真正爱读书，就迟早会找到自己的书中知己的。

读书的癖好与所谓"刻苦学习"是两回事，它讲究的是趣味。所以，一个认真做功课和背教科书的学生，一个埋头从事专业研究的学者，都称不上是有读书癖的人。有读书癖的人所读之书必不限于功课和专业，毋宁说更爱读功课和专业之外的书籍，也就是所谓闲书。当然，这并不妨碍他对自己的专业发生浓厚的兴趣，做出伟大的成就。英国哲学家罗素便是一个在自己的专业上取得了伟大成就的人，然而，正是他最热烈地提倡青年人多读"无用的书"。其实，读"有用的书"即教科书和专业书固然有其用途，可以获得立足于社会的职业技能；但是读"无用的书"也并非真的无用，那恰恰是一个人精神生长的领域。从中学到大学到研究生，我从来不是一个很用功的学生。我相信许多人在回首往事时会和我有同感：一个人的成长基本上得益于自己读书，相比之下，课堂上的收获显得微不足道。

那么，一个人怎样才算养成了读书的癖好呢？我觉得倒不在于读书破万卷，一头扎进书堆，成为一个书呆子。重要的是一种感觉，即读书已经成为生活的基本需要，不读书就会感到欠缺和不安。有一句名言："三日不读书，便觉语言无味，面目可憎。"如果你有这样的感觉，你就必定是个有读书癖的人了。

有一些爱读书的人，读到后来，有一天自己会拿起笔来写书，我也是其中之一。我承认我从写作中也获得了许多快乐，但是，这种快乐并不能代替读书的快乐。有时候我还觉得，写作侵占了我的读书的时间，使我蒙受了损失。我向自己发愿，今后要少写多读，人生几何？我不该亏待了自己。

（王永娟推荐）

读书人是幸福人

谢 冕

我常想，读书人是世间的幸福人，因为他除了拥有现实的世界之外，还拥有另一个更为浩瀚也更为丰富的世界。现实的世界是人人都有的，而后一个世界却为读书人所独有。由此我又想，那些失去阅读机会或不能读书的人是多么不幸，他们的丧失是不可补偿的。世间有诸多的不平等，如财富的不平等、权利的不平等，而阅读能力的有无却体现为精神的不平等。

一个人的一生，只能经历自己拥有的那一份欣悦、那一份苦难，也许再加上他耳闻目睹的周围人的经历和经验。然而，人们通过读书，却能进入不同时空，进入诸多他人的世界。这样超越了有限生命的无限可能性。不仅多识了草木之名，而且还可以上溯古今，下及未来。更为重要的是，读书加惠于人们的不仅是知识的增广，还在于精神的感化与陶冶，在读书的过程中学会做人。

人一旦与书本结缘，多半因而向往崇高，追求美好。对暴力的厌恶和对弱者的同情，使人心灵纯净而富正义感，人往往变得情趣高雅而力避凡俗。或博爱，或温情，或抗争，大抵总引导人从幼年到成人，一步一步向着人间的美好境界前行。笛卡儿说"读一本好书，就是和许多品德高尚的人谈话"，这就是说读书使人向善。雨果说"各种蠢事，在每天阅读好书的影响下，仿佛烤在火上一样渐渐熔化"，这就是说读书使人辟邪。在午后温暖的阳光里，泡一杯清茶，懒散地靠在床头把思绪沉浸在书中；在静静的夜晚伴着柔和的灯光翻看喜欢的书，心情也一如夜色一样宁静平和。享受生活在于内心对美好的憧憬和希冀，正如生活中很多微小藏有博大，短暂中孕育着永恒。

我送给朋友最初的礼物就是书和音乐，在我的内心里这些都是美好的东西，是能够经得起岁月的磨洗。也许因为忙碌的工作、太多的应酬，那些书已散落在他生活的角落里，没有时间去读它们，去触摸它们，但我真心地希望他不要使那些书蒙尘。我希望的是那些书能在他的生活中开出绚丽的花朵，装点他彩色的人生。

（黄耀新推荐）

谈 读 书

培 根（王佐良译）

读书足以怡情，足以博彩，足以长才。其怡情也，最见于独处幽居之时；其博彩也，最见于高谈阔论之中；其长才也，最见于处世判事之际。练达之士虽能分别处理细事或一一判别枝节，然纵观统筹、全局策划，则舍好学深思者莫属。

读书费时过多易惰，文采藻饰太盛则矫，全凭条文断事乃学究故态。读书补天然之不足，经验又补读书之不足，盖天生才干犹如自然花草，读书然后知如何修剪移接；而书中所示，如不以经验范之，则又大而无当。

有一技之长鄙读书，无知者慕读书，唯明智之士用读书，然读书并不以用处告人，用书之智不在书中，而在书外，全凭观察得之。读书时不可存心诘难作者，不可尽信书上所言，亦不可只为寻章摘句，而应推敲细思。

书有可浅尝者，有可吞食者，少数则须咀嚼消化。换言之，有只须读其部分者，有只须大体涉猎者，少数则须全读，读时须全神贯注，孜孜不倦。书亦可请人代读，取其所作摘要，但只限题材较次或价值不高者，否则书经提炼犹如水经蒸馏，淡而无味矣。

读书使人充实，讨论使人机智，笔记使人准确。因此不常做笔记者须记忆特强，不常讨论者须天生聪颖，不常读书者须欺世有术，始能无知而显有知。

读史使人明智，读诗使人灵秀，数学使人周密，科学使人深刻，伦理学使人庄重，逻辑修辞之学使人善辩：凡有所学，皆成性格。人之才智但有滞碍，无不可读适当之书使之顺畅，一如身体百病，皆可借相宜之运动除之。滚球利睾肾，射箭利胸肺，慢步利肠胃，骑术利头脑，诸如此类。如智力不集中，可令读数学，盖演算须全神贯注，稍有分散即须重演；如不能辨异，可令读经院哲学，盖是辈皆吹毛求疵之人；如不善求同，不善以一物阐证另一物，可令读律师之案卷。如此头脑中凡有缺陷，皆有特药可医。

（王永娟推荐）

老师谈读书

中学生阅读应该选什么书

黄耀新

这里所说的中学生阅读，读书的目的不是娱乐消遣不是获取资讯，而是学习语文，增进理解力，增长心智，不断成长。非为消闲的中学生读书，存在一个选什么书来读的问题。

那些教材或"考试说明"要求阅读的名著，已经"被"选了，不再单独去谈。

我以为首选的应该是那些具有文化源头、文化母体地位的书。中华文化具有母体地位的书，是先秦的典籍。这些典籍很难也不必都去读，读了这四本——《论语》《孟子》《老子》《庄子》就差不多了。因为儒家思想和道家思想，贯穿中华民族两千多年，是读懂后世许多作品的前提；儒道思想渗入到中华民族每个人的骨髓里，是理解中国人的前提。还有余力或某方面的特殊兴趣，还要读，可选《易经》《墨子》《孙子》《韩非子》《荀子》《左传》《诗经》《楚辞》等。

《论语》《孟子》《老子》《庄子》这四本都读了就很不易，如果不能全本都读，至少要选读，选那些重要的篇、段、句来读，把握那些最基本的、最核心的内容。最好记住那些名言、典故。一定要读原著，再读今人的分析讲解，而且读不止一种分析讲解。

中学生选书来读要选名著，这是不言而喻的。名著是一个民族的文化载体，含金量高，营养丰富。名著大都难读懂，怎么办？一则，读个六七分、七八分懂就可以，读有难度的可以提升水平。再则，名著一定有研究者来解读阐释，可以参考它们来读懂。一本书能否成为名著，最权威最公正的评判者是时间。那么问题来了，距今有相当长一段时间的书离我们的实际生活远，没兴趣读，怎么办？你可以这样想，离我们的实际生活远，那种生活是我们不了解或不甚了解的，恰好应该引起我们了解探索的欲望。另外，名著浩如烟海，从中选那些有兴趣的——或许对题材有兴趣，或许对风格有兴趣，或许对作者有兴趣，总之，有得选。

读名著是上选，读那些具有文化母体地位的名著是上上之选。如果名著就是读不进去，只好退而求其次，选能读进去的来读。开卷有益，只要读，就胜于不读。

选书，最好还要选出版社，好的出版社，审稿、排版、校对、印刷等质量都高。

选古籍，出版社而外，一定要看编著者、译注者，选那些学术造诣高深的学问家。

选译著，出版社而外，一定要看翻译的人。由于译者的追求、外语和中文的功底、语言风格等不同，同一本原著，不同人的翻译会有很大区别。更有一些出版社为了降低成本，随便找人翻译。

选好书，读好书，好好成长，做个好人。

学习国学应该阅读什么书

黄耀新

甭说国学典籍，即使国学经典，也是浩如烟海。并且，这些浩如烟海的经典原著，都是大多数中学生难以读懂的文言文。看来，对于中学生来说，国学一多，二难。学习国学，则面临一个解决多和难的问题。如何解决？

解决之道只能是有选择地读。选择，先得知道都有什么。中国传统文化典籍，分为经、史、子、集四部分。简言之，经部收录儒家"十三经"及相关著作；史部收录各类史书；子部收录诸子百家著作和类书，类书是辑录各种书中的相关材料编排以备查检的大型资料性书籍；集部收录诗文词曲作品总集和专集等，主要是创作，也包括评论。

经、史、子、集，最重要的当然是"经"。不过，这是以儒家为正统思想的古人认定的。今天我们要继承优秀的传统文化，对于古人的标准，只是参照不必盲从。

我们今天的选择标准是什么？当然是翻开历史，甄别那些在两千多年历史上，对我们中华民族产生巨大影响的优秀的经典作品。

对中华民族思想文化产生巨大影响的，首推儒家，其次道家。

57

儒道思想贯穿中华民族两千多年，是读懂别的作品的前提；儒道思想渗入到中华民族每个人的骨髓里，是理解中国人的前提。《论语》《孟子》《老子》《庄子》这四本书，是儒道两家最重要的经典，在中华文化中，是具有文化源头、文化母体地位的书。加之中学阶段是一个人思想文化"打底"的阶段，"底"一定要正。

所以我以为，其他都可以选读，这四本书是必读的，而且一定要读原著，无论有没有兴趣，有多大难度。

最好读全本，其次读选本，最少也要读读其中的名篇或名段名句。有了课上学习的基础，只要把名段名句牢牢记住，其基本思想、主要观点也就基本了解了。

上文提到的必读的《论语》《孟子》，是儒家最高经典"四书""五经"中"四书"里的"二书"。另外"二书"（《大学》《中庸》）和"五经"（《诗》《书》《礼》《易》《春秋》），要更多地了解学习儒家思想，当然也应该读。

读不懂怎么办？读懂字面意思不难，我们选择有今人译注的选本来读就可以了。要把握其精神实质，把握其思想体系，就比较难了。这可以看一些后人讲解研究类的书；同时，要读一些先秦历史方面的书，了解儒道思想产生的历史背景。对先秦的历史一定要熟悉，那样才能理解儒道乃至诸子百家的思想，他们的思想是我们这个民族文化的源头和高峰。

今人讨论儒道思想，就我所知，说得简明扼要、条理清晰、生动有趣、通俗易懂，很适合中学生学习的是易中天先生的作品。比如《先秦诸子百家争鸣》。

了解先秦的历史，要读《左传》。其实，这部史书也被视为儒家经典。还可以读《史记》《资治通鉴》先秦部分。原著不易读懂，不妨先看看《东周列国志》（冯梦龙原著，蔡元放改编），人物事件都知道一些，再读《左传》等古文，就会容易得多。

需要补充说明的一点是，儒家思想到了宋代，出现了重大的发展变化，即产生了程朱理学，核心人物是南宋初年的朱熹。他的思想，深深地影响着后世，直至清末。

在了解学习《论语》《孟子》《老子》《庄子》这"四书"的基础上，其他应该读的国学经典，下面简要谈谈。

前面说过，先秦诸子的思想是我们这个民族文化的源头和高峰。所以我们必须重点了解学习儒道思想而外，不妨了解一下其他各家。比如墨家（《墨子》）、法家（《韩非子》）、兵家（《孙子兵法》）、纵横家、名家、阴阳家、农家、杂家等等。如果不是有特别的兴趣，看看今人的分析介绍即可。

还必须提到的一家是东汉末年传入我国的释家，即佛教。儒释道向来并称。这种外来文化对中华民族的影响也是相当深远，甚至也具有中华文化的母体地位。佛家作品比较难懂。对于佛家的了解，如果不是有特别的兴趣，看看今人的分析介绍即可。可以重点了解本土化了的佛家——禅宗。

了解古代思想文化，也可以读今人的名著。比如梁漱溟先生的《中国文化要义》，冯友兰先生的《中国哲学简史》，这两本书都久负盛名。

史书类，最经典的当然是《史记》，这是阅读文言文史书的首选。我们中学生可以不读其中的"表""书"部分，只读"本纪""世家""列传"部分，或者是这三部分里的部分名篇。换句话说，看一本《史记选》就差不多了。其他该读的如《左传》《战国策》《汉书》《后汉书》《三国志》《资治通鉴》等，都是传统史学名著。

其中《左传》和《资治通鉴》是编年体,《战国策》是国别体,其余沿用《史记》开创的纪传体。

今人撰写的史书,钱穆先生的《国史大纲》、黄仁宇先生的《中国大历史》都很著名。我更想推荐给同学们的是三十六卷本的《易中天中华史》。易先生这套书,全球视野,高屋建瓴,举重若轻,逻辑严密,选材独特,笔调轻松,深入浅出,很适合中学生阅读。

还有一部今人的史学著作介绍给同学们。著名英籍科学史家李约瑟撰写的《中国科学技术史》。这本书采用东西方比较研究的方式介绍了中国和西方的科学技术并系统论述了古代科学技术的成就与贡献。

中华民族的优秀国学经典,经、史、子之外,还有一个重要的部分,集,即文学。具有源头意义的文学经典最主要的是先秦的《诗经》《离骚》以及《庄子》。

《诗经》和《离骚》分别是北方黄河流域和南方长江流域文学的源头,同时也是现实主义和浪漫主义文学的源头。想象虚构是文学的基本特征。《离骚》而外,《庄子》虽非文学作品,但它是一部充满奇诡丰富想象的作品,对后世文学的影响极大。《庄子》中的寓言故事,被视为中国小说的滥觞。

东晋末年的陶渊明,是一个对后世文学影响深远的人物,诸如隐逸、田园、饮酒等方面。

唐诗宋词,是中华民族的文学瑰宝,是中华民族优秀传统文化的代表。学习唐诗有一个经典的选本,《唐诗三百首》。再有就是李白、杜甫等人的诗集。学习宋词,找一本宋词选(《宋词三百首》之类)并关注几个重要词人——柳永、苏轼、辛弃疾、李清照等人即可。

唐诗宋词，今人的选注赏析很多，《唐诗鉴赏辞典》《唐宋词鉴赏辞典》可以参照。

唐宋时期，散文也极可观。代表作家即"唐宋八大家"，有一本书就叫《唐宋八大家散文选》。唐朝的韩愈、柳宗元，宋朝的欧阳修、苏洵、苏轼、苏辙、王安石、曾巩。其中最杰出的是韩愈和苏轼，二人被称为"韩潮苏海"。

宋以后，诗歌式微。作为市井俗文学的小说戏剧登上了文化历史舞台。

小说的代表作自然是四大古典名著，《三国演义》《水浒传》《西游记》《红楼梦》。成就最高的是《红楼梦》。这些同学们都熟知，不赘述。

戏曲影响比较大的是元代关汉卿的《窦娥冤》、王实甫的《西厢记》、明代汤显祖的《牡丹亭》、清代孔尚任的《桃花扇》等。

余秋雨的《文化苦旅》很多同学喜欢看，他还有一本《中国文脉》以宏大的视野梳理了中国文学三千年发展史，以惯有的抒情笔调为我们提纲挈领地展现出中国文化的主脉。

其实，代表中华民族优秀传统文化最重要的作品，语文教材中都有涉及。也就是说，同学们阅读这些国学经典，都有课内的基础。

《三字经》一类的蒙学读物，今天的中学生也未必能够完全读懂。基础弱一点的同学学习国学，从这类浅易读物入手也未尝不可。

金庸的武侠小说并非只有侠文化，而是几乎囊括了传统文化，使中国传统文化变得更有魅力。这些武侠小说可读性强，阅读它们也可以了解一些传统文化。

临了必须提醒的一句是，我们今天学习国学，不是全盘接受，而是继承优秀的传统文化，必须"运用脑髓，放出眼光，自己来拿！"认为传统的都是坏的，显然是错误的；如果认为传统的都是好的，也一定是错误的。正确的认识是：一分为二地看（比如很多中小学热衷学习的《弟子规》，对孩子形成良好的行为习惯有益，但是，对保留孩子天性是有害的），批判地继承。

为作文而读书

黄耀新

众所周知，小孩生活在一个口语环境里，不用着意去教，两三年的工夫，他们要表达的意思就能说清楚了。不同的口语环境里成长起来的孩子，说话也完全不同。孩子学说话，就是模仿，别人怎么说就跟着怎么说，听多了说多了就会说了。听是说的基础。

口语环境输入信息靠听，输出信息靠说；而书面语环境，输入信息靠读，输出信息靠写。听是说的基础，同理，读也是写的基础。鲁迅早就说过："文章应该怎样写，我说不明白。那些素有定评的作品中，就说明着应该怎样写。"

许多同学苦恼于不会写作文或写不好作文，根本原因十有八九是不读书。这些同学也大都清楚读是写的基础这个道理，只是做不到知行合一，或者想走捷径而误入歧途——直接读那些"高考满分作文集"之类，且只读这类作文选。

无论读什么书都有益于作文。但同学们想要的是更有益于自己作文的书。下面就此说说我的意见。

你喜欢什么样的作文就读那种风格的书。比如你想让自己的文章深刻，就可以选毛泽东、鲁迅、钱锺书等人的书去读；你想让自己的文章幽默，也可以选鲁迅、钱锺书的书去读，还可以选老舍、马克·吐温等人的书去读。

你作文的主要问题是什么就读针对这问题的书。比如你的文章缺乏逻辑性，就可以选毛泽东、易中天等人的书去读；你的文章缺少文采，就可以选朱自清、余秋雨等人的书去读。

"读烂一本书，优秀作文出。"最有效的是，熟读一部名著或一个人的作品。一定要多读，把喜欢的内容读到滚瓜烂熟的程度。一部名著作者的思想、思维乃至语言的丰富程度，应付并不复杂也深刻不到哪儿去的中学生作文，足够用了。果真能够读烂一部名著，你就随着作者有了思考问题的立场、角度、方式、思路，你就形成了作者的表达习惯，你也能拥有了自己的素材库。道理上文已经谈了。你熟读一部作品，就是你沉浸在这部作品的书面语环境里，你就会不自觉地自然而然地像作者那样去想，去写。作文就会写了。

当代著名作家曹文轩回忆："我小时候可以读的书很少。我的父亲是校长，他有两箱书，其中有好几册鲁迅文集的单行本。于是我被这些书深深吸引住了，就开始慢慢阅读起来，喜欢到痴迷的地步。受这些书的影响，每当老师叫我们写作文的时候，我总是写得最好。有一次写作文，我竟然写满了三个作文本，到现在这个纪录还没有人能超越！那时写作，我感觉到鲁迅说话的腔调、语言的味道跃然眼前，无法抑制自己的兴奋和文思，文字自然而然顺着我的笔尖流淌到作文本上。"

据说宋初宰相赵普"半部《论语》治天下"。"半部《论语》"可以"治天下"，一部好书，具有无尽的价值，一个人毕其一生也可能开掘不完，如果读上十几甚至几十遍，不仅仅是作文，完全可以受用一生。

还有一类专门讲作文的书不妨一读。这里推荐两本。

中华书局出过一套"跟大师学语文"丛书。《怎样写作》是其中的一种，汇集了叶圣陶先生传授写作经验和技巧的文章二十一篇。回答了许多我们想通过文字表达自己时都会遇见的问题。比如，写好文章需要做哪些准备，该怎样组织安排文章的结构，如何开头如何结尾，如何议论如何抒情，什么样的文章算是好文章，文章该如何修改等。此外还从生活需要而非应试教育的角度对老师怎样教、学生怎样学等问题，给予了精辟的建议。相信不仅是学生，只要是想写点什么的人都可以从中受益。

笔者著有一本中学生作文的书，《作文是怎样炼成的——特级教师"下水"示范》。这本书针对同学们作文实际问题——用什么东西写（材料问题），用什么心理倾向写（态度问题），怎么想（思维问题），怎么写（方法问题）——展开讨论，书中的理论探讨不是干巴巴的论证阐发，而是用具体形象的例子乃至故事来讲道理，讲方法；用"下水文"实践来引导同学们解决这些问题。本书是作文指导书，所教的写作知识，很少"是什么"的知识，多为"怎么做"的知识。本书既可以作为一般作文的指导，更可以作为应试作文的指导。本书有近百篇老师与同学的同题作文（"下水文"），每篇作文都附有一个关于写作背景、构思等内容的说明，方便理解学习。

高考满分作文，是在很短的时间里按试题要求写就的，虽然满分，也几乎不会是精品，所谓好，只是相对的。古来多少好文章，哪一篇出自考场？古来多少凭一篇文章高中进士，甚至状元的，那些文章哪一篇成为经典流传至今了？可见，考场难有真正意义上的好文章。再则，能在考场上写出满分作文，往往是少数极有才情的孩子；他们的作文，多数同学是学不来的。读满分作文集之类，偶作参考尚可，以此作为学写作文去读的书，是误入歧途。

写得好先要读得多

黄耀新　　聂士梅

作文是学生语文素养的综合体现。然而作文写得好的学生，实在不多。一方面，学生被迫"两耳不闻窗外事，一心只读应试书"，生活单调，缺乏丰富的观察和积累；尤其书读得少，书面语的积累严重不足。可以说，学生写不好，问题主要出在作文之源上。而同学们学写作文，忽视缺"米"少"柴"的主要症结，一味在"如何写"上做文章。因而，学生写作文的苦衷，一般反映为"无话可说"，甚至于"无从下笔"，视作文为畏途，绝非笔底千言，组织不好。

观察生活和读书，是写好文章的前提和基础。对于作家创作，最需要的应该是观察生活，而中学生作文，更需要的则是阅读，而且是多读。阅读能力不仅是语文学习能力的主要构成因素，而且是一切智力活动的基础。在阅读和写作两者之间，阅读自然也是写作的基础。

实践证明，学生作文写得好的，一定是课外书读得多的；课外书读得多的，绝大多数作文写得好。书读得越多，文写得越好。从中我们不难得出这样的结论：读得多才能写得好，写得好先要读得多。读写的这种关系，前人早就总结出来了。杜甫说："读书破万卷，下笔如有神。"茅盾说："伟大的作家，是以人类有史以来的全部智慧作为他的创作的准备的。"作家们的实践更说明这一点。白居易读书"以至于口舌生疮，手肘成胝"，鲁迅"把别人喝咖啡的时间"都用在读书上。

心理学告诉我们，阅读既是对书面信息进行感知和理解的复杂的认知过程，又是对书面信息进行情感体验并产生共鸣的复杂的情感活动，还是对书面信息内化吸收并将外部语言转化为内部语言，转化为思维工具和表达工具，形成语言能力的复杂的语言实践活动。大量阅读，无疑会使这些心智活动得到强化。总之，多读可以使读者"有话可说"，"有话要说"，"有话会说"。

多读，强化认知，以便"有话可说"。

写作需要生活的积累。亲身的实践是直接地了解和体验生活，阅读则是间接地了解和体验。中学生的年龄、阅历、生活方式等决定了他们直接的生活积累是有限的、肤浅的；阅读则可补此不足，书是各种各样的人对各种各样的生活的反映，是作者生活的积淀、智慧的精华。多读对生活的了解是无限的、深刻的。

写作必备的材料浩如烟海，阅读教材是远远不够的。只有博览群书才能有足够的"仓储"，多读是信息输入的主要渠道。吕叔湘先生曾说："同志们可以回忆自己的学习过程，得之于老师课堂上讲的占多少，得之于自己课外阅读的占多少。我回想自己大概是三七开吧，也就是说百分之七十得之于课外阅读。"只有大量地阅读，才可能大量积累，并将其逐步内化为自己的文化底蕴。这是创造、发展的前提和基础。人类文化源远流长，博大精深，不读就无法丰富头脑，受其浸润，推陈出新。只有多读，才会较好地解决写作的信息输入，从而"有话可说"。

多读，强化情感，以便"有话要说"。

情感是人们对客观外界刺激的肯定或否定的心理反应，是学生行为的内在动机。情感具有感染性，即"交流—共鸣—动情"。按照接受美学理论的解释，阅读不是读者被动接受的过程，而是读者与作者心灵沟通、对话、碰撞的过程，这种交流自然会使读者"共鸣""动情"。

　　教材所传达的信息多是同一体系、同一标准的，而大量的课外阅读，必然会接触多元的文化、多元的理论、多样的认识，它们之间的不同乃至对立，就很容易在读者心灵中产生强烈的碰撞，不由得不去思考，不去评判，做出肯定或否定的价值判断和情感反应。教材阅读学生是被动的，而课外阅读学生是主动的，是选取那些自己想读或愿读的内容来读；教材所传达的信息是相对老化的、相对熟悉的，课外的大量阅读则大多是新颖的、陌生的；教材是面向全体学生的，只能考虑青少年心理特征的共性，而课外阅读，则主要依据中学生自己的个性心理。因而，课外的大量阅读，就使学生产生了较浓厚的阅读兴趣，强化了刺激。布鲁纳指出："对学生的最好刺激，乃是对所学材料的兴趣。"总之，大量的课外阅读会大大加强信息的传导、碰撞，从而更好地激疑、反馈、共振、共鸣，思维伴随着强烈的情感活动，必然产生一种表达的欲望。刘勰说："五情发而为辞章。"（《文心雕龙·情采》）只有多读，才会更好地激发学生的情感，从而"有话要说"。

　　多读，强化语言（思维），以便"有话会说"。

　　写作实质上是个思维问题。叶圣陶指出："文章写不通，主要由于没想通，半通不通的文章就反映着半通不通的思想。"文章是客观事物的反映，而反映的中介是思维。语言文字是思维的物化。心理学的有关研究表明，中学阶段是青少年智力发展的关键时期。中学生的思维开始从经验型走向理论型。他们逐步摆脱对感性材料的依赖，应用理论来指导抽象思维活动，发展了思维的深刻性，出现了思维的独立性和批判性，表现为喜欢独立思考、寻根究底和质疑争辩，思维日趋成熟。大量地阅读，广泛地接触前人、他人的思维成果，充分接受理性的洗礼，正是这一心理发展过程的需要，同时，反过来对这一心理发展过程又起着巨大的促进作用，使学生容易做到"想通"，从而"写通"。

鲁迅先生说："文章应该怎么写，我说不明白。那些素有定评的作品中，就说明着应该怎么写。"对于书面语的运用，首先是思维问题，然后是书面语的语感和语言规律的养成与把握问题。学习文章做法之类，其作用远不如阅读作品来得切实有效，因为语感是习得的，文字技巧的获得也需要足够的量的积累。刘勰说："操千曲而后晓声，观千剑而后识器。"通过大量的阅读，就能培养和获得语感，熟悉掌握语言规律，内化为自己的表达能力。只有多读，才能更好地促进学生的写作思维，并使他们获得、掌握书面语的语感和语言规律，从而"有话会说"。

文章要写得好，一定要读得多。就写论写，捉襟见肘，是下策；以读促写，天地广阔，是上策。

不爱读书怎么办

聂士梅

不爱读书，严格地说是指主观上不想读书。而现实生活中，我们往往把没有读书兴趣，没有读书习惯，想读书又读不进去，也都称作"不爱读书"。

有些同学主观上就不想读怎么办？

首先当然要解决主观上的认识问题。关于读书的意义，哪个中学生都能说出个三五条来，所以那些耳熟能详的我就不啰唆了，只概括为一点，即读书可以改变人生，可以使自己往人生的高处走。下面我说说可能忽略的三点。第一，谁都要休闲娱乐吧，看个电影，看看电视，有些内容，不读书就可能看不懂。出去旅游，那些名胜古迹一定有楹联一类的文字，不读书就很难看得懂。第二，虽然咱们自己现在还是孩子，但总有一天会成为孩子父母的，相信都希望自己的孩子爱读书吧，可自己不读书，孩子爱读书的可能性大大降低。第三，以前有很多人是不读书的，随着技术突飞猛进的发展，文化传播的能力越来越强，因条件而不读书的人就读书了，受影响而读书的人就多了，以后不读书的人会越来越少，会越来越孤独。

其次要解决环境问题。孟母三迁就是要解决读书环境问题，近朱者赤，近墨者黑。你试着到爱读书的同学的圈子里感受感受，交一些爱读书的朋友。果真如此，慢慢地就会想读书了。

许多同学很想读书，翻开书却读不进去，怎么办？

只要真想读，就有办法。先不要带着任务读，除了读进去之外，什么都不管。

读那些好玩的——幽默类的作品。比如鲁迅先生的小说《阿Q正传》《理水》等，杂文《论"他妈的"》《夏三虫》等，诗歌《我的失恋》《南京民谣》等；比如钱锺书先生的《围城》；比如赵树理先生的《小二黑结婚》；比如老舍先生《离婚》《二马》等，以及《老舍幽默诗文集》。如果想读外国人的，首选美国作家马克·吐温的作品，比如《汤姆·索亚历险记》《马克·吐温幽默作品集》等；还有世界三大短篇小说家俄国作家契诃夫、法国作家莫泊桑、美国作家欧·亨利的作品，各具幽默，引人入胜。

读那些有吸引力的——武侠、爱情、推理侦探、科幻等题材的小说。对于处在青春期的中学生来说，武打、想象、爱情、探索等是充满吸引力的。比如金庸的武侠小说，有扣人心弦的情节，奇幻的想象，各式爱情——凄美的、热烈的、变态的、痴情的、负心的、单相思的、三角乃至多角的……（这些并列的概念有交叉关系的）。比如柯南·道尔、阿加莎·克里斯蒂的侦探小说，比如刘慈欣的科幻小说。这些总会有你喜欢的吧。

上面提到的这些作品，总会有让你读下去、读进去的。可以先选那些短小的来读，读出感觉再读长一点的；喜欢读的不妨反复读。坚持一段时间，就可能爱读了。

如果还是读不进去，也有招，就看你的决心了。

每天或每几天给自己规定一段固定时间，一般不要少于半个小时，除了读书，绝不做任何别的事情——不吃，不喝，连窗外也不看，更不能拿起手机……读不进去，只能发呆。有半个小时不做任何事，通常就熬不住了。拿起书，硬着头皮读，不怕少，不怕慢，用坚强的意志逼迫自己读下去。坚持较长一段时间——至少三个月，就养成习惯了。

试试啊！

关于高中生读书的一点浅见

张艳茹

这几天给学生搜集名家关于读书的文章，出于筛选的目的自己当然先读了很多。大家名言，字字珠玑，读来如醍醐灌顶，事实上，我也是获益匪浅的。读完名家名作，如今非要我再去谈出什么读书的新意恐怕很难了。然而，作为一位中学语文教师，我想我还是有想要说的话。

既然是一线教师，那就让我从一线教师的身份出发，结合十几年的不长不短的教学经验，谈一点在名家看来也许是很功利的，根本不能叫作读书的浅陋看法。毕竟在我看来，如今的学生大多达不到名家所要求的读书境界，那么，不如给他们一点接地气的切实有用的方法或技巧。

十八年奋战在教学一线，与一届又一届的学生共同迎接（更多是应对）一次次的高考检验，有一种感觉愈来愈强烈，那就是：考试题目对阅读的要求越来越高了，而学生的阅读能力却一届不如一届了。大多数学生不爱读书、不会读书应该是所有语文老师的共识。"不爱读书"是习惯问题，积重难返，高中语文教师能起的作用恐怕不大了；"不会读书"是方法问题，通过辅导及帮助尚可挽救，所以我仅针对面临高考的高中生谈一点关于读书的浅见。

一、现在的学生特别需要学会精读

虽然陶渊明曾讲"好读书，不求甚解；每有会意，便欣然忘食"，言读书不必求甚解，只观大略即可，然而他是不必参加现在的高考的，他是不必去答现在的高考阅读题目的。近几年高考题目的得分统计或是调查问卷，结果是阅读理解题目最难，得分最低。什么原因呢？不愿精读，不会精读。因此，我觉得，学生在日常的读书训练中就应该有意识地学会精读的本事。比如必读的名著、课本的精讲篇目、文言文、用来训练的经典试题等，必须要精读。

要分步骤读，一篇精读篇目至少要读三遍：第一遍先观其大略，得其大意主旨；第二遍带着至少一个任务去读，比如识其地理风物、把握时代变革、记诵圣贤名言、理解人物形象、探究篇章结构等，可按需索取；第三遍要揣摩语言，对于短篇文章尤其要研究其写作手法，高考的精读理解只得其意而忘其言是不行的。对于文言文，在此之外恐怕还要做到出声诵读、重点段落的背读才算合格。

要养成圈画批注的习惯，无论读哪一遍，都要手不离笔。看到关于主旨的内容要圈画下来；看到个人感兴趣的内容要圈画下来；看到精彩的手法要圈画下来；看到不懂的要圈画下来。圈画之外要写一点旁注或是做一点摘抄以备日后研究复习之用。

要不定期地复读。人的大脑记忆力是有限的，对于一些名著及必考文言文要做到不定期复读以期形成长期记忆。我们对某一问题的理解认识也是不断深化的过程，不同的时间段、不同的心境下哪怕阅读同一篇文章可能也会有不一样的体会。此外，我们每次阅读的需求、侧重点不同，自然也会在复读中得到不同的收获。所以，千万不要觉得一篇文章集中火力一气读上几遍就可以放诸脑后了。

二、要做到不褊狭不固陋还要讲究辅读

辅读是在对某一篇文章本身精读的基础上，再去通过阅读各种与之相关的文章辅助自己对本篇形成更全面客观的理解。比如读鲁迅的《记念刘和珍君》，你可以结合他的《为了忘却的纪念》《并非闲话》《无花的蔷薇之二》，以及朱自清的《段政府大屠杀记》、周作人的《关于三月十八日的死者》等作品来读。再比如学习荀子的《劝学》，你可以结合《论语》中"学而时习之，不亦说乎？有朋自远方来，不亦乐乎？人不知而不愠，不亦君子乎？""弟子入则孝，出则弟，谨而信，泛爱众，而亲仁，行有余力，则以学文""贤贤易色；事父母，能竭其力；事君，能致其身；与朋友交，言而有信。虽曰未学，吾必谓之学矣""君子食无求饱，居无求安，敏于事而慎于言，就有道而正焉。可谓好学也已"等章内容，也可以结合韩愈的《师说》、王安石的《游褒禅山记》等名篇，甚至还可以去读一读荀子的《性恶论》以及其他批评家的评论文章。只有这样广泛比较、开拓思维，才能不拘囿于一人一辞、一时一段，从而对事件本身或是作者思想情感形成更全面客观的理解，自己才能批判地去接受。

"好书不厌百回读，熟读深思子自知。"其实，不经意间，"精读"与"辅读"的方法就贴合了。"熟读""深思"的意思，相信你只要在学习的过程中认真去贯彻执行而不是自欺欺人、浮皮潦草地应付，在读书方面你一定会大有获益的，至于高考的阅读理解早就应该不在话下了。

发挥阅读功效

韩　丽

　　我教的两个班，一共七十三人，翻阅调查问卷，我发现有十五个人没有阅读习惯，其余五十八人会因为兴趣或消遣而阅读。这令我大为惊讶，我曾经打趣他们的作文像疯长的野草，批阅他们的作文，我像是走在杂草丛生的荒原。我一直认为，不会写作文，写不好作文，肯定和不读书有关。那么学生读书了，为什么还是写不好作文呢？

　　读书的孩子们，你们的书要读得功利一点啊！怎么叫"功利一点"呢？怡情养性，那是必须的，而"功利一点"，就是让你再多点目的性，如果阅读叫"输入"，那你还要勤于"输出"，就是要动笔！不是所有的阅读都伴随着旁批和成文，但是多做些旁批，多写写感悟，读和写在瞬间就发生了关联，这就使得你在写作时多了"轻车熟路"的感觉。不信？你试试看嘛，肯定有用。我和两个爱读书的孩子聊过这个问题，他们从小就爱读书，但是不爱动笔，所以，常常是心有千千言，落笔团团转，不是词不达意，就是一团乱麻，于是干脆选取简单的想法随便写写就交作业了，而那丰富的思想情感就憋在心里了。这一年来，他俩试着多写，真的在写作上略有起色，较那些不读书的孩子，思想性就是不一样。高二议论文写作多起来，阅读的孩子，积淀丰富，写作的优势越来越凸显了。做好"输入"和"输出"，你一定会享受到阅读带来的福利。

对于有阅读习惯的孩子，我还要提醒一点——保持！高中三个年级，时间紧张的程度与年级的增长成正比。如果时间越来越紧张，就越来越没有了读书的习惯，那么，这样的人真能叫有阅读习惯？我是要存疑的。我见过十三届潞河语文冠军翟晓萌的高考作文，文化内涵丰富，远超一般学生的水平，而她就是真正有阅读习惯的人。她在高三时也能每天坚持半小时以上阅读，她的书包里每天都带着要读的闲书。闲书，它让灵魂得到短暂休憩，它让生命得到片刻滋养，它所承载的情感文化思想，全是语文学科的财富啊！真正有阅读习惯的同学，我希望你们能保持住，不管何年何月，以书为友，或者是一个悠闲的下午，或者是一个匆忙的晚间，你都能手持一卷，走进书中世界，像一个悠闲的绅士一样，静静地、舒心惬意地徜徉于文字河畔，尽赏言辞美景。阅读，不仅给你精神财富，还能给你定海神针，能够在闲暇或匆忙中阅读的人，是喜爱思考的人，思考之人多智慧，人生许多问题就有了答案，浮躁之气拂去，脚步自然沉稳。

最后想和没有阅读习惯的同学说两句。我不知道是谁，在什么时候搅坏了你的阅读胃口，我也不知道今日高考经典必读篇目对你而言是否像巨石一样，无从下口，积压沉重。我想，德国诗人黑塞的话也许能帮你打开阅读的大门："每个人都该在他感觉最自然的地方，开始对书籍的阅读、了解和喜爱。一本别人称赞而我们也试图阅读却引不起兴趣的作品，一本令我们反感、无法读进去的作品，千万别强迫自己耐着性子硬往下读。让每个人凭自己的爱好去开始阅读，读一部文学作品或者一首诗，或者一则报道、一篇论文，以此为出发点，然后再扩而大之。"能够阅读的人，在现实世界之外又多了一个精神的世界，你所看到的世界、领略的幸福，都是要成双倍增长的！所以，开始阅读吧，推开门，走进去，无限精彩在等着你。

我的宝书

王永娟

近日，重读鲁迅，读至《阿长与〈山海经〉》一篇，鲁迅写道："这四本书乃是我最初得到，最为心爱的宝书。"不由得也想起我小时候的几本"宝书"来。

最羡慕现在的小孩的，是他们可以有读不完的书。买书极其方便，爸爸妈妈只需在网上轻轻一点，任何想要的书都会送上门来。书店、图书馆里的书更是汗牛充栋，应有尽有，随取随读。我小时候是没有什么书可读的，仅有的几本书自然就成了我"最为心爱的宝书"。

我的第一本宝书其实不是书，而是一本陈旧的日历。这本日历有手掌大小，每一页的上半部分标示日期，下半部分用极小的字印着一首唐诗。大概是因为这些珍贵的文字，这本日历在使用的过程中，没有像惯常的那样，被一页页地撕掉，而是被父亲完整地保存了下来。比我大很多的哥哥姐姐翻阅过，到我手里时，前后缺了几页，但一年三百六十五天，三百六十天还是在的。父亲用厚实的纸张给它粘上了封皮，虽时时翻看，也不至于磨损得太厉害。记得小时候，我经常搬一把小椅子，往台阶上一坐，手里捧着这本日历，兴致勃勃地一首接一首地朗读上面的唐诗。有很多字不认识，有时候勤快了，就搬出新华字典，查出字音，小心翼翼地用笔标在紧密的字行之间，再重新读。有时候懒得拿字典，就蒙个字音，继续津津有味地读下去。至今还记得第一首诗是白居易的《问刘十九》：

绿蚁新醅酒，红泥小火炉。

晚来天欲雪，能饮一杯无？

最喜欢最后一句，说不出原因，就是莫名地觉得有意思，我就一遍遍地问："能饮一杯无？"并自得其乐。

这本日历就是我的《唐诗三百首》，虽然绝大多数诗句都读不懂，但是读来朗朗上口，甚觉有趣，就颇带着"好读书不求甚解"的兴味囫囵吞枣地读下去。

我的第二本宝书是《安徒生童话》——也是我小时候读过的唯一一本真正的儿童文学作品。那是我上小学六年级的时候在县城读高中的姐姐给我买回来的——不知道她是用节省了几个星期的饭钱买的。我迫不及待地打开书，一下子就被深深地吸引进了神奇美妙的童话世界。

在海的远处，水是那么蓝，像最美丽的矢车菊花瓣，同时又是那么清，像最明亮的玻璃。然而它又是那么深，深得任何锚链都达不到底。要想从海底到水面，必须有许多教堂尖塔，一个接一个地连起来才成。海底的人们就住在这下面。海底的人们——我们是这样以为的。我们这个世界的人并不知道他们和他们的世界是多么美好、瑰丽和宁静。那是大海真正的永恒的深处，我们最伟大的探险和发掘都无法到达，我们所有的欢乐和繁华也不能诱动和改变那一切。海底的人们——我们是这样以为的；可在他们看来，他们是生活在最美丽最纯净最自由的蓝色天空中的……

伴随着这优美的文字，我也仿佛进入了那个神秘美丽的海底世界。和小美人鱼一起历险，为忍受着巨大的痛苦寻找爱情的小美人鱼揪心，当最后小美人鱼变成泡沫时，我的心也好像碎了一般。

书中的其他故事《大施特劳斯与小施特劳斯》《夜莺》《飞箱》《牧羊女和扫烟囱的人》等也翻来覆去地不知道读了多少遍。

正是这本《安徒生童话》给我留下的难以磨灭的美好印象，让我有了孩子后，心心念念的就是等孩子能听故事时，马上给她也买一本《安徒生童话》。可是，当我拿到从网上买来的书一翻时，发现是一本缩略版的。故事的轮廓大致还在，语言文字却太过低幼！曾经带给我美好享受的文字（后来知道我读的版本是叶君健先生翻译的）被编者砍削得索然无味！好比一棵摇曳多姿的大树被砍去了树冠，只留下光秃秃的主干，还有什么审美可言？再说得不客气一点，这样的书就像把嚼过的饭菜喂给孩子，既无滋味，又无营养！可叹可恨！

我的第三本宝书是一本叫作《增广贤文》的小书。这本书不知道是哥哥从哪弄来的，里面有很多格言警句，至今记忆犹新。什么"马无夜草不肥，人无横财不富""近水楼台先得月，向阳花木早逢春""路遥知马力，日久见人心""画虎画皮难画骨，知人知面不知心""贫居闹市无人问，富在深山有远亲""各人自扫门前雪，不管他人瓦上霜"……这些句子全是那时候读这本书背下来的。现在的教育专家见了，必定会跳出来批判一番：小孩子要读真善美的东西，如此充满功利思想、宣扬假恶丑的糟粕会戕害孩子的心灵云云。可我那时候只是觉得好玩，这些句子好读好记，我经常和哥哥你一句我一句，比赛谁背得多。许是这种对仗工整的句子背得多了，我也能简单对句了。有一次哥哥给我出了一个上句："马瘦毛长"，我对以"猪肥蹄短"，哥哥笑倒。

还有两本杂志也是我的宝书,一本叫《少年文艺》,一本叫《故事会》。《少年文艺》也是姐姐给我买的,至今记得里面的一篇文章,写一个农村姑娘在县城中学上学忍受着同学的嘲笑和捉弄打扫厕所勤工俭学自立自强的故事。《故事会》是我捡来的。有一次,我在下过雨的路上玩,发现一本书掉在泥水里,我把它捞起来,带回家,小心翼翼地将它放在太阳下晒干,一页一页地压平,吹去上面的土,发现是一本《故事会》!当即如获至宝一般,翻看了无数遍。

这就是我童年和少年时代视若珍宝的几本书,也读过几本其他书,但都是大人的,没有留下太多的印象。由于条件所限,我小时候读的书太少太少!不过幸运的是,这屈指可数的几本书培养了我对书籍、对文学的兴趣,从某种意义上来说,也为我以后的读书之路奠定了最初的基础。

上初中后,痴迷于从同学那里借来的武侠小说,读得天昏地暗。后来去县城的中学上学,学校有个图书室,里面的书可以借阅。我毫不犹豫地就办了借书证。当大多数同学沉迷在数理化的天地里的时候,我却每周五跑去图书室借"闲书"读。从来不知道图书室里面什么样,图书室外面的窗台上放着几个盒子,盒子里是写着书名和编号的卡片。每次借书的时候,翻看卡片,找到自己想看的书,把书名和书号填在一张借书卡上,从一个小小的窗口递进去,里面的老师找到你要的书,再从小窗口递出来。我捧着借来的书,兴奋地带回家,利用周末的时间如饥似渴地读起来。这一时期,我读了海明威的《永别了,武器》《丧钟为谁而鸣》,读了大仲马的《三个火枪手》,读了福楼拜的《包法利夫人》,读了意大利作家伏尼契的《牛虻》等多部世界名著。还秉烛夜读——真的是在宿舍熄灯后,点着蜡烛读了在同学中热传一时的路遥的《平凡的世界》《人生》等。高三时,学习紧张,不能读"闲书"了,但是每次大考完了,我和我的好朋友会从一周的零花钱中省出五毛钱来，去学校外面的书店（主要是租书）一人租一本言情小说，作为对备受考试摧残的我们的犒劳。

可能正是因为这份对读书的热情，再加上我的理科成绩不理想，高中分科时我选择了文科，考大学时，我的第一志愿报了中文系。当我如愿以偿地进入大学，发现我过上了终日以书为伴的生活。有时也有"不幸把兴趣变成了专业"的"痛苦"感，但是学校藏书丰富的几层楼高的图书馆，离学校不算远的西单图书城、海淀图书城，一年一度的地坛书市……到处都是书，读不完的书，而且触手可得，让我有一种从赤贫变为巨富的感觉！后来读研时，又时常涉足国家图书馆——堪称中国图书馆界的巨无霸，这是我小时候连做梦都梦不到的地方啊！我还有什么理由抱怨要读的书太多呢？大学的七年间，我沉浸在书的海洋里，像海绵一样，尽我所能地尽可能多地汲取着书中的营养。

惭愧的是，工作以来，书读得少了，有时候一本书一个月都读不完。但是，从小到大对读书的那份热爱始终深存心底，长时间不读书便觉不安，必须找本书来读读方觉踏实。因为工作的缘故，也时常劝学生多读书，不可谓不苦口婆心，但好读书者终是寥寥。不觉怅然而叹：现在书籍极大丰富了，读书这件事就贬值了吗？我小时候的喜欢读书，难道真应了鲁迅先生的那句话："物以稀为贵？"（《藤野先生》）

不管怎样，像先生感念阿长那样——"这又使我发生新的敬意了，别人不肯做，或不能做的事，她却能够做成功。她确有伟大的神力。"（《阿长与〈山海经〉》）为着那几本给我带来过乐趣、培养了我对文学的最初爱好的我的"宝书"们，我感谢我的父亲、姐姐和哥哥！

重读《平凡的世界》

王永娟

十六年前，和小说中刚出场的孙少平一样，我也是一个刚刚踏进离家二十多里地的县城中学不久的高中生。有一段时间，班里流传着一本盗版的《平凡的世界》，虽然印刷质量低劣，错误百出，但是，在那个除了上课下课，除了课本练习册，没有其他文化活动和精神食粮的单调的学习环境中，这本书对同学们来说，无异于甘霖琼浆，大家争着抢着看。

记不清怎么着就到了我的手里，因为后面还有同学排着队，书的主人——我们的大班长催得紧，我只得在忙碌的学习间隙，一头扎进厚厚的书页中，贪婪地读起来。特别清晰地记得，晚自习结束后回到宿舍，熄灯后，趴在被窝里，在同宿舍同学均匀的呼吸声中，就着床头蜡烛的微光看书的情景。一连几个晚上的秉烛夜读之后，直接的后果就是眼睛酸涩难忍，坐在原来的座位上看黑板模模糊糊。于是乎，不久，脸上就多了一副眼镜。虽然眼睛近视，不是一日之"功"，不能完全归咎于这本可怜的盗版书，但确乎是读完它就戴上眼镜了。在以后的日子里，因为日日戴着眼镜，这眼镜也就不断地提醒我当初是怎么近视的，一想到近视，自然就想起了《平凡的世界》。

以致事隔十六年后的一天，在微信高中同学群里闲聊，碰到了班长，又向他"抱怨"了一番：正是他和他的那本盗版书害得我近视！班长当机立断，郑重承诺，要送我一套精装版的《平凡的世界》，作为对我的补偿。几天后，果然收到了快递：《平凡的世界》！雪白的封皮，厚厚的三大本。一方面感动于班长的一言九鼎，另一方面也惊叹，原来这部小说正版印刷出来是三大本，而不是当年盗版的一大本？怪不得我眼睛会近视呢！

　　出于对班长的感激，也出于对过去的怀恋，十六年后，我又重新打开了这部长篇巨著。一点点重读的过程中，我才意识到，当年初读时这部书给我的印象有多深。书中的人物，一个个就像久违的老朋友向我走来：苦苦地撑起一个大家庭的大哥孙少安，永远在和命运不屈地搏斗的孙少平，朝气蓬勃浪漫活泼的田晓霞，老实悲苦的孙玉厚，小丑一样可笑的孙玉亭，聪明懂事上进的孙兰香，温柔多情的田润叶……这些人带着他们的喜怒哀乐，带着他们的爱恨情仇，又一次向我走来，又一次让我哭，让我笑，让我感叹，让我唏嘘……

　　十六年来，我走过了高中，走过了大学，走进了婚姻，走向了工作。经历了清苦充实的读书生活，品尝了爱情的苦辣酸甜，感受着社会的诡谲复杂，体验着职场的纷纷扰扰。做学生，为人妻，为人母，为人师，我在自己平凡的世界里，耕耘着，收获着，前行着，哭着，笑着。十六年后，经历了以上种种的我，再一次读《平凡的世界》，有对青春的缅怀，有对故乡、亲人的思恋，有对书中人物故事更深的咀嚼，也有对自己十六年生活的梳理和反思。

　　读《平凡的世界》，是一次缅怀青春之旅。我追随着孙少平的脚步，仿佛又回到了我的母校——乾县一中。我走进住了三年的宿舍，一座两层的小红楼，那里有几个姑娘最真挚的友情。她们在寒冷的冬日，紧紧地挨在一起，在冰冷的床板上，互相用体温取暖。她们分工合作，一人打开水，一人买菜，一人在别人不可思议"怎么吃这么多"的眼光中羞赧地捧回一堆馒头。她们热烈地讨论周末在家看的电视剧，她们用省出的零用钱租几本言情小说，她们争抢一本破烂不堪的书，都认为只有邂逅的自己才是这本书的主人……我走进了当年的教室，自己曾经刻苦攻读的地方。我看到了，那个在讲台上给同学们动情地朗读自己写的被老师评为优秀作文的我；那个因考试成绩不理想眼泪在眼圈里打转的我；那个和男同学唇枪舌剑争论不休的我；那个晚自习课上看着从学校图书馆借来的《牛虻》，被主人公的牺牲精神感动，哭得稀里哗啦的我；那个被高年级男生悄悄送来的表达爱慕之意的礼物吓得不知所措的我……我听到了，那位长得白白净净的女老师正用带着浓重的陕南腔调的普通话给我们讲《项链》；数学老师又在不厌其烦地夸奖某某某有数学脑子；政治老师又开始神采飞扬，离题万里，信口开河，唾沫星子乱飞地讲述和课本无关但是学生们听得津津有味的历史典故；精心化过妆的英语老师又一次提问叫 Zhang li 的同学（因为班上有两个叫 Zhang li 的同学，一个男张力，一个女张丽，虽然在陕西方言里这两个人的名字叫起来不一样，但是在普通话里却完全一样。每次老师叫名字时，两个人都不知所措，不知道谁该站起来回答问题，每当这时，同学们都在座位上强忍着不敢笑出声来）……这就是我的高中生活！虽然没有孙少平那般清苦和贫富差距带来的屈辱，毕竟我还能吃饱肚子，但也有城乡差别带来的和城里同学的隔膜和疏远。虽然没有那个年代的混乱，但也有这个年纪的人因为对未来的不可知而产生的思想上的迷茫。至于对知识的渴求，对友谊的珍视，对爱情的蠢蠢欲动，这是任何时代的花季男女都会有的共通的情感。读着描写孙少平高中生活的文字，我久久地沉溺在十六年前那段青葱岁月中，难以自拔。那些年，那个地方，有我最青涩、最纯真的青春啊！

读《平凡的世界》，我的灵魂也踏上了寻根之旅。因为这部长篇小说就是以我的家乡陕西20世纪70年代末80年代初的社会生活为原型创作的，虽然小说重点展示的是陕西北部黄土高原的生活，但是，那熟悉的乡音，那似曾相识的乡亲，那大同小异的家长里短，都让我有一种回到童年的故乡的感觉。从高中进县城读书，到进京上大学，再到留京工作安家，一步一步，不管是时间上，还是空间上，我都离家乡越来越远。但故乡是一个神奇的所在，你离它越远，越牵挂它。乡愁就像一罐陈年的老酒，放得愈久味道愈浓烈。所谓魂牵梦绕，梦回故乡，是只有真正离开过家乡的人才有的体验。感谢路遥，用乡土化气息浓郁的语言创作了这部小说，正是这些方言土语把我带回了那个久别的故乡。陕西方言，有些生硬，有些粗俗，但也不乏朴拙和幽默，甚至有些词汇和表达方式还带着古汉语的典雅。对一个游子来说，亲切的乡音不需要对它做语言学意义上的评判，每一个熟悉的词汇，每一句熟悉的话语，唤起的是对生于斯长于斯的故土的怀念。

双水村村民们在那个火热的政治年代为了生存与自然艰苦卓绝地斗争让我想起了我的父辈也曾经历过的苦难。虽然生于80年代的我没有亲历，但从大人忆苦思甜的讲述中，从小时候见过的所剩无几的遗迹上，也能窥见一些历史的碎片。公社、集体劳动、挣工分、修水库，都是耳熟能详的词汇，但看了小说，才真正全面地了解了当时农村的劳动和生活。

孙少平一家患难与共、父慈子孝、兄弟姐妹相亲相爱的情感当年和现在都深深地感动着我。特别是孙家兄弟姐妹之间的亲情，让我想到我的哥哥姐姐。我和孙兰香一样，何其有幸，有像父亲一样关心自己的兄长，有像母亲一样爱护自己的姐姐！忘不了刚上高中不久的一天，读大学的哥哥回家参加爷爷的葬礼后，大老远冒着雨从家里给我带到学校的肉菜；忘不了自己紧衣缩食读高中的姐姐，给我买回他们学校食堂做的面包——那是我第一次吃面包，也是今生吃过的最好吃的面包；忘不了每年寒暑假哥哥给我耐心地补习功课；忘不了妈妈生病住院的那年暑假，姐姐担负起妈妈的职责，学蒸包子，学摊煎饼，照顾我的生活；忘不了高考完后，哥哥专门从千里之外的单位赶回来，帮我估分填报志愿……太多的忘不了，太多的感动，当再次忆起的时候，全部化作眼泪，在读到孙兰香考上大学的时候奔涌而出……

　　读《平凡的世界》，读小说人物的人生，我也在检视自己几十年走过的路。和孙少平、孙少安他们相比，我无疑是幸运的。没有太大的挫折，没有太多的无奈，一路在一条相对平坦的道路上顺利地前行着。这无疑首先要感谢我生活的时代。如果放在以前，我说不出这种话，觉得矫情。但是再次读完《平凡的世界》，我要发自内心地表达对我所生活的时代的谢意。确实是这样，如果我早生十年、二十年，我的命运也许就会像孙少平那个苦命的姐姐！其次，我要感谢我的父母哥姐，是他们给了我最大的呵护、最无私的爱，使我没有经历风雨苦难，快乐地成长！我还要感谢我生命中遇见的每一个人，不管是风雨同舟的莫逆之交，还是萍水相逢的擦肩路人，你们都是我平凡人生的组成部分，没有你们，我的人生该是多么苍白！当然，平坦的道路上也会有磕磕绊绊，虽然比不了孙少平那样的命运多舛，但每一次磕绊也是对我生命的考验。孙少平可以一次次在风雨无情的摧折之后倔强地重新站立，我想我也没有必要遇到一些小问题就牢骚满腹。这也许就是读一部优秀的小说对人的启示。读孙少平也使我一次次想到约翰·克里斯多夫——一个在异国与现实与命运抗争一生、奋斗一生的感人形象。也许孙少平没有约翰·克里斯多夫的才华，但是他们不向现实低头，不向命运示弱的精神却是相通的，都一样能产生震撼人心的力量。

　　十六年，整整走过了我的青年时代，虽然不能接受，甚至不忍直视，但是自己确确实实已经在朝四十不惑的道路迈进。我的人生还会一如既往的平凡，我平凡的人生中还会有不可预知的酸甜苦辣，但我愿意就像来时一样，认真地走下去，谱写我的《平凡的世界》。

　　感谢班长，感谢路遥，感谢《平凡的世界》，在这个干燥的冬日带给我心田的湿润！

我的"阅读"体验

胡秋君

　　我在上中学之前读过的书的数量比现在大多数同学都不如。但好一点的是，我还算比较听老师的话，因此，读的书也算是在上学后慢慢积少成多了起来。

　　小的时候，大人总是耳提面命，"你看某某家的孩子多爱读书""你要多读书，读书好，以后学习好，有出息"，至于怎么算是多读书，多读书该读什么书呢，却是从来没有人告诉的。于是靠着自己的"悟性"觉得，好好学习书本知识，就是好好读书。因此，对于我们现在定义的"读书"这件事在我的人生经历里是如何开始的，好像真的没有什么明显的概念。只略有印象的是，极小的时候，应该是未上小学时，自己曾经很痴迷过《西游记》，从简版连环画开始，不能自拔。但那时不太管那叫书，应该叫"画"更合适吧。后来再略微大了一点的年纪，在一次翻箱倒柜倒腾的经历中，从家里的哪个角落中翻出了一本看起来极厚的不知道是谁搬家落下的书，书的名字已经完全不记得了，模糊有印象的是，那是一本看起来没什么特点的软皮质地的纯黑色封面的书，当时拿在手里感觉沉甸甸的，加上又因为是自己费尽翻腾的劳动所得，总觉得这书与我有那么点"天命所归"的意思，便竟也由好奇而痴痴读了起来。书里的世界是我从未见过，甚至未听过的，只对一些名词有了最初模糊的概念"季羡林""杨绛""张国焘""牛棚"……解释不出来，也串联不成面，但此时的我对书的初印象是不错的：它和课本的语言好像不一样，讲的是课本里面没听过的故事。因着这份不错的初体验，又在家里开启过几次"寻宝之旅"，其他的没什么印象，但对当时读过的三毛的文章，尤其是几篇"撒哈拉"的故事至今印象深刻。看，其实最初没什么意识的探索，或者叫乱读也是个很有意思的过程，至少能真实地发现自己喜欢什么。读喜欢读的。这应该算是我对读书最初的经验认识了。

但这份读喜欢读的书的经历终究是因为个人的心性热度不足以及没有书的现实断下来。但"好在"上学那时候，农村的学校并不看中和强调读书，因此包括自己在内，也没什么人在意这事。

再开始有意识地读书应该是高中了，印象很深，从《红楼梦》开始。这一次能下决心花"大价钱"去买是因为老师要求，要写作业。我是听话的孩子，最怕的是完不成作业，被老师批评。于是赶紧跑去书店，花掉了自己一周多的生活费买来。每次抱着它，真的是视若珍宝了。不知是不是有这份花了"大价钱""肉疼"的附加值在里面，总之自己是真的喜欢得紧，喜欢读，愿意读，喜欢一遍遍读。更何况当时我们班还有个对《红楼梦》的熟悉和把握、演绎几乎让老师自叹不如的"才女"在前面引路，多大的吸引力！当时的我就觉得，老师让读的，那么多人都读着好的，怎么会不好，该读，该好好读。多听别人的话，少走弯路，我又有了对读书一点新的认识。

再然后，便是我的大学阶段，因为选的是汉语言文学专业，多读书是专业要求使然。于是读书积累不算多的我，开始了比较长时间的大量阅读过程。一段时间，古今中外，要求的不要求的，有人推荐与否，有时间就读。一段时间后，问题也产生了，有些国家的作品，有些作家的作品，有些题材的作品，有些时期的作品读得慢，读不懂，好不容易读完了，也没什么印象。于是又从广泛的读，变成了缩小范围的读，读自己喜欢的作家、喜欢的题材，积累和感悟便逐渐多了起来。

工作后，读书的时间没有以前多了，课余精力没那么多了，人也懈怠了些。除偶尔读读自己想读的书外，有时也会读些学生中流传度比较高的作品。但随着人生新阶段的来临，渐渐发现，其实人生何处不是阅读？阅读当然要从多读、多积累做起，这是前提。但真正有收获的阅读还要用眼观察，用心思考。如此，新闻内容是素材，课本知识是素材，谈话的内容是素材，生活经历亦是素材。那么，经过前人琢磨锤炼，经过历史选择大浪淘沙，经过数代人拣选的名著作品又怎会不是值得用心阅读、用心思考的呢？

学生谈读书

书中自有新世界

2020 届高三 13 班　张雨晴

从来不觉得读书是件苦差事，小时候每次听到大人们语重心长地教育我们读书都有些迷惑，以致后来我开始诚惶诚恐地反省自己是不是没有好好看书。

我在书里到底看到了什么呢？

"雾凇沆砀，天与云与山与水，上下一白。湖上影子，惟长堤一痕、湖心亭一点，与余舟一芥，舟中人两三粒而已。"短短两句话，让周围蓦地静了下来，我在山腰眺望大雪中白茫茫的湖面，天地间的声音被雪轻轻掩盖，连鸟儿滑过都是无声的，也许有羽毛的柔软摩擦声吧，但耳畔回响着的，只有随着哈气腾起的一呼一吸，除此而外，万籁俱寂。我想起"千山鸟飞绝，万径人踪灭"的冷绝，想起"霜露既降，木叶尽脱"的寥落，于是我敛声屏气，默默地随着张岱，走上湖心亭，与陌生人不期而遇，温一杯酒，一饮而尽。书页中，漫天大雪的气息混杂着落雪被踏碎的窸窣声，与酒炉的袅袅蒸汽一并弥漫开来。

"雪沫乳花浮午盏，蓼茸蒿笋试春盘，人间有味是清欢。"这样，便想起苏子的词来了。清澈，灵透，不论婉约豪放，都让人心旷神怡。诗词对于我有一种特殊的魔力，那是用最美的文字写出最深的情感，重章叠句，低吟浅唱，让人或拊掌长叹或拍案叫绝或心有戚戚焉。"矮纸斜行闲作草，晴窗细乳戏分茶。"陆游笔下，与苏子春游相近的诗，但背后是完全不同的情感，是恬淡下的悲愤莫名，是平静水面下的波涛汹涌，让我读懂他之后，心惊伴随着心疼。"大鹏一日同风起，扶摇直上九万里。"李白在被轻视后愤然留下自己的傲气，转身离开。在遥远的时空彼端，我听见有那样一个长庚星化作的诗人，在弹剑长歌。

我也曾在某个愤愤不平的时刻翻开黑塞的书，听着赫尔敏娜的话，渐渐平静下来。"画家的想法是错的，教授也是错的，其实大家都不对，因为那不合哈利的意，那是他不能忍受的，于是他责备这些人然后逃跑！"她略带戏谑的语气点醒了我，一如对哈利一样。是啊，为什么我居然在为别人和我的不同而生气呢？我突然想开了，几乎笑起自己来，我确实如她所说的那样，还是个孩子一样啊。很多时候，当我感到迷茫的时候，我会想起荒原狼。翻开书页，那里就像立着一面镜子，有一个与我无限相似的影子透过镜子与我对视，仿佛轻抬十指，他便可与我指尖相接。

我想，读书就是这样吧。翻开书，让书页中卷起的旋涡吸引自己进去，在一个又一个光怪陆离的世界里穿梭，到从未到过的地方，见从未见过的人，听他们哭，他们笑，分享他们的喜怒哀乐，在那短暂又漫长的一段时光里，去活一场迥然不同的人生。

就像，爱丽丝的兔子洞。

"读书究竟是什么呢？"

我微笑着合上书。万千幻象倏忽消失，我重新回到地面，深吸一口熟悉又陌生的空气，用全新的眼光看待往往习以为常的花草和阳光。

大概，是一场永不停息的伟大冒险吧。

读书之于我

2020 届高三 14 班　王小萌

读书之于我，便是"观人世"三字了。

"观人世"，听起来似乎颇具哲理，细想好像有点扯淡，十几岁的学生读书便读了，你才过了多少日子，经了多少事儿，哪里就至于到观人世呢？

可就是没经历过，以后也不一定能经历，才要这样。人生短短三万天，有多少见不着的景儿，又有多少碰不上的人啊……有时候总是胡思乱想，这一生里面的每一日其实大抵相同，大部分人也都过着上学上班结婚生子的普通日子，想想就够没劲的。嘿，那这辈子怎么有点亏得慌啊？

后来读《活着》，合书之后难以平静，却又不知道应该起些什么波澜。我就这样冷眼旁观了福贵的一生，多少辛酸苦泪，又有多少希望破灭，最后只剩一头老牛为伴，他所剩下的只有"活着"，而他也的确活着！当时的我沉浸在福贵一生的起伏之中难以自拔，可当我终于跳出了小说里的悲欢离合，我突然想到：这书中故事，明明全然与我无关啊！

嘿，那要是有关还了得？

可事实又真是如此吗？自那以后，无论对谁，我似乎都更加了一份尊敬——大家都是在努力活着，认真过活本就不易。看，故事与我本来无关，但就此我却有了改变，看来也不是全然无关。

我不算什么严肃的人，读的书也杂得很，但这世界本来不也够乱乎的吗？这才热闹有趣。有时读读历来的经典，《四世同堂》换人一声长叹，乱世之下何来小家；步子往地球的另一边走走，《苦妓回忆录》里是马尔克斯在告诉我那个老人最终还是有一份幸运；博尔赫斯一言不发，只打开一扇窗户，窗外是交叉小径的花园的迷宫，我一时竟然不知道该怎么去走……本本经典，段段人生，书中人的泪水洒到我心里，谁又不是个赶路人呢？

当然，经典要读，闲书也要读。其实按理来说哪有什么闲书正书的差别，大家都是活着嘛！闲书里面的人世更加有趣，古都风貌、市井小巷……"人间有味是清欢"，这话绝对不假。要是有时间也想去买一包《东京好吃鬼》里面介绍的点心，铜锣烧、金平糖，总之都不会差；可要论"市格"，谁又能比竹枝词里北京城的热闹……《东京梦华录》不服了，不服是吧？行，反正您不服我服了。穿越是不可能穿越的，宋代还是老北京都是不可能的了，但在书里一一看过，起码算个安慰。

鲁迅先生曾说："人们的悲欢并不相通，我只觉得他们吵闹。"可他也说："无穷的远方，无尽的人们都和我有关。"我其实也曾想，那书本中带给我的一切，会否从来只停留在我的脑海，从不来到我的生活……但似乎，我又总能从生活中找到些书中出现过的痕迹，感到那从内心最深层传来的共鸣——原来，书中种种，亦是我的人生。这一遭有了书本为伴，可真不算白活。

读书即观世，观过人世，我方才喜悲自知。

阅读就是最美好的遇见

2020 届高三 14 班　吴雨桐

　　董卿说过，"世间的一切皆是遇见，风遇见云，便有了雨；雪遇见冬，便有了岁月；人遇见人，便有了生命"。阅读之于我，就是最美好的遇见。

　　作为城市的孩子，目光所及尽是冰冷的钢筋水泥——奔驰的汽车，绚烂的霓虹灯，林立的高楼，星星点点，即使葱茏却也像孤岛一样的绿化带……但我遇见了《边城》，遇见了一曲原始率真淳朴的田园牧歌。我看见清澈的水缓缓地、静静地流着，水边有眸子清明如水晶，天真活泼如小黄麂的翠翠，有忠厚善良的老船夫，有温柔多情的傩送，有豪爽慷慨的天保。那里是一个充满淳朴民风和安宁生活的桃花源，也是一个诠释了爱与美的理想世界。正如沈从文说的，"我是一个对一切无信仰的人，却只相信生命美丽而真实"。遇见《边城》让我远离了城市的喧嚣，寻找到内心的安宁，也让我亲近了美丽的自然，感受乡村生活的简单纯净。

　　生活在自由平等的社会中，我无法想象中国曾经历的黑暗与苦难。但我遇见了《呐喊》，遇见了黑暗中发起抗争的号角。我看到了满口之乎者也的孔乙己，他即使贫困不能自给也不愿放下读书人的清高，希望做人清白又自欺欺人。我看到了慷慨就义的夏瑜，他即使在牢中受尽折磨也坚贞不屈，相信"能够推翻清朝统治，建立我们大家的天下"。我看到了可怜又可悲的阿Q，他在生活中处处失败，深受残酷的剥削压迫，却只是用精神胜利法麻痹自己，以一种自尊自大又自轻自贱的态度屈辱卑微地苟活，至死也不觉醒。他说"为了慰藉在寂寞里奔驰的猛士，使他不惮于前驱"，他说"寄意寒星荃不察，我以我血荐轩辕"……这是何等激愤的爱国之情啊！遇见《呐喊》让我知道如今的幸福如何来之不易，而在黑暗铁屋中的抗争是多么艰难，也让我深刻，让我铭记过去，让我不惮前行。

在全球化的浪潮和经济快速发展的脚步中，中国变得越来越现代化，渐渐淡化了传统和传承。但我遇见了《论语》，遇见了先秦烛照万物的灯塔。我看到了孔子驾着颠簸的木车周游列国，带着苦涩和坚毅说出"天下有道，丘不与易也"；我看到孔子即使走投无路也坚守正道，乐观面对，甚至"弦歌不绝"；我看到孔子义正词严地说出"君子固穷，小人穷斯滥矣"，把名利视作粪土。我看到了曾子"吾日三省吾身"，"士不可以不弘毅，任重而道远"的自省。"天不生仲尼，万古如长夜。"孔子在五千年前的谆谆教诲仍然回荡在耳边，让《论语》如良师循循善诱，如益友扬善止恶。遇见《论语》让我懂得如何做人做事，如何认识自己和认识世界，也让我更加坚定文化自信，立志传承中华民族沉淀千年的智慧。

曾有人说过这样的话："脚步不能丈量的地方，文字可以；眼睛到不了的地方，文字可以。"我没有经历过的另一种生活，我没有亲眼见过的另一个世界，都与我在书中遇见，给我启迪，让我流连。

曾经看过一篇散文，名字叫《排骨里的萝卜》，作者说，"现代人远离了乡村，然后思念它"。的确，我们和书中的世界相隔遥远，无论是时间上还是空间上，但却从未分隔，因为我们在用心去遇见一个又一个世界，把自己的悲欢与书相连，因为读书是灵魂上的交流，这种伟大的力量可以跨越万水千山，因为我们坚信所有的相遇都是久别重逢，因为我们坚信如果有天堂，一定是图书馆的模样。

读书之于我

2020 届 13、14 班　邱嘉仪　姚诗琪　李婧涵　王小萌等

　　读书之于我，是一场永不停歇的冒险。读《红楼梦》，让我跟随着曹雪芹经历了盛衰无常；读《陶庵梦忆》，我倾听张岱咀嚼自己交杂着欢乐与苦涩的回忆，淡淡地自言自语；读《老人与海》，我想象着若是换作我孤身一人在那条船上，我究竟可以坚持多久；读《荒原狼》，我分明看见自己的影子在书页中，如同透过镜子与自己对视。我看到人们的喜怒哀乐，经历世事的变幻莫测，在每一次坠入兔子洞时感受与作品的共鸣，在光怪陆离的世界中穿梭。于是再回到地面上，我会深吸一口熟悉又陌生的空气，用全新的眼光看待往往习以为常的水、花草和阳光。

　　我不愿用"书中自有黄金屋，书中自有颜如玉"这样的话来描述读书，这样读书似乎只是为了索取什么功名利禄。书，无须辞藻修饰，也无须珠宝装扮，只是单单立在那里，连同它的文字的川泽和思想的高山一起立在那里，就足够令人肃然起敬了。书为我带来一个世界，也教我如何看待这个世界。

　　当我刚刚成熟到开始抬头对这个世界投去好奇的一瞥，却被囿于一成不变的昼夜交替和书山题海时，一本《三国演义》破空而来，豁然为我打通了历史，铺陈出一篇战争与英雄的史诗。我可以俯首

是方寸书桌，寥寥几行文字，仰首却是金戈铁马，烽烟四起，群雄逐鹿，三分天下；我可以将一腔豪气和莽莽中原悉数纳于胸中。

当我逐渐成熟，试图洞悉这世界运行的潜在规律时，《悲惨世界》又冲进了我的世界。它悉数写尽人间不公与苦痛，但整个故事里有多少大悲，就有同等重量的多少大爱。我看到了好人被逼做了娼、善意不被理解、理想落入血泊，但我同时也看到了博爱与自由的精神激荡不已，我看到了生活中唯一的英雄主义——在看清这个世界后仍然热爱生活。这就是书给我带来的一切。它让我从高塔上望向整个世界：向上看，也向下看；向过去看，也向未来看；向我们的社会看，也向世界上其他文化看。它铺陈了一个世界，然后照亮了这个世界。

在我看来，读书使人不会被自己的窄小的生活范围或固有想法禁锢而被腐化。"问渠那得清如许？为有源头活水来"，不断阅读，才能让人在单调的生活中领略见识到不同的思想，并汲取吸收来充实丰厚自己。记得鲁迅在他的《琐记》中，提到他在矿路学堂上学时，读到严复所译的赫胥黎的《天演论》感到十分惊讶：这世界上居然有一个叫赫胥黎的人，想的竟然这样奇妙。之后鲁迅每天没事就读《天演论》。这或许是鲁迅人生第一次接触朴素辩证唯物主义，是对他原来固有的中国传统思维的一次极大程度的更新。后来鲁迅能在冷漠、麻木的封建社会，第一个站出来用白话文直揭旧社会的伤疤，高呼"救救孩子们"，所体现出的思想的厚度、高度、力度，也与他早年嚼辣椒驱寒读书，中年阅读甚至翻译外国书籍的习惯是密不可分的。

读书之于我来说，是向先人要答案。日本大数学家冈洁说："成为一个伟大的数学家需要两样东西，一是智慧，二是长寿。"他八十岁的时候说："当我发现自己思想成熟之后，我发现自己的一只脚已经踏到死亡的门槛上了。"因为有书的存在，我们不必从零开始，我们可以站在巨人的肩膀上，可以拿过他们手中的接力棒，向前传递，触及前人来不及触及的地方。可如今是一个知识非常容易获取的时代，好像知识丧失了对我们的诱惑力。我来到这个世界，这个世界加上我，再减去我，我还是期待自己能留在世界上一些东西，而读书让我一次次叩问我们为什么会这样，我们大概会是一个什么状况。每一次的叩问都隐含着当下自我的思索跟省察。

以前，我总是在思考一个问题，或许有些可笑，可大千世界如此之广阔，我这么小小一个人，可见的可听的实在少得可怜，来走这一遭却阅不多这人世，岂不是亏了？但现在，我不再受这个问题困扰，因为我找到了解决的方法——读书。对我而言，读书便是观人世。人生短短三万天，是无论如何也看不完这芸芸众生的所有精彩。但书籍，却帮我打开了一扇奇妙的窗户，我虽然不能跨窗而出，亲身去感受书中的一切，却也能托腮而观，阅过不少喜怒哀乐。在那扇窗户中，我看到夕阳下的福贵和老牛在奋力活着，也看到死去的杨飞终于在第七天与父亲相遇；在那扇窗户中，我看到马尔克斯的身影，他在讲着那个老人与苦妓的羁绊，光影一转，又是博尔赫斯，给我指着通往那交叉小径的花园的道路；在那扇窗户中，苍穹之下，谁把栏杆拍遍，又是谁在京华忆往……

读书之于我，并非使我腹有诗书气自华，只是让我在读到某处时窥见其一闪而过的光芒。尽管随着时间的推移忘记了书中的很多内容，但是书中提供给我们考虑问题的另一种方式，一直在完善修整着我的思想。通过王小波的话语，我认识到孔孟学说或许也存在不合理之处，假如从整个人类来考虑问题，早就会发现，趋利避害，直截了当地解决实际问题比哲学的思辨更重要。我们的社会里，必须有改变物质生活的原动力，这样才能把未来的命脉握在自己的手里。在弗兰克尔的笔下，我看到集中营的纳粹司令长官，自己掏腰包给可怜的人们买食品用具。长官的做法让我明白，在污浊的环境中，也有选择不同于他人活法的权利。"有一样东西你是不能从人的手中夺去的，那就是最宝贵的自由，人们一直拥有在任何环境中选择自己的态度和行为方式的自由。"这即是"活出生命的意义"，不要强调环境给你造成的种种，人在任何时候都有着"自由意志"的选择。认识到书中所传递出来的思维，才是读书于我的意义。

　　每个阶段的读书，都是不一样的体验。小时候，书是我通往新世界的门窗。那是《格列佛游记》中的大人国和小人国，他们使我带着想象的翅膀，去看作者心目中的理想国。又比如说《格林童话》，每一则简短文字的背后，都是智慧的启迪，都让我对生活有了新的认知。虽然儿时的世界里，每一本书都不算深奥，但有了这些读物的润色，让我小小的眼睛更加充满色彩。长大了，书之于我就成了时代传承的媒介。《论语》开始走进了我的生活，我尝试领悟"学而时习之"的方法，明白"天下有道，丘不与易"的责任。《红楼梦》的出现，又让我看到了封建时代官名利禄和地位悬殊所带来的悲哀。高尔基说过，读书是人类进步的阶梯。这些经典的研读，确实激励着我，让我明白读出的不仅是个人的感悟，更是一个历史的记录、一个时代的变迁，以及一份家国担当。我享受书籍带给我的成长，因为每一次阅读，都是与一个时代的会面，一个思想的碰撞，都是每个人必不可少的精神食粮。

　　前几日和父亲又展开了一场辩论，原因是他的一句"我读书不为别的，就为了和别人吵架的时候我有的说，说得过人家"。当时我便感受到了一种令人手脚发凉的愤怒，我觉得这是对读书这件神圣的事情的侮辱。辩来辩去也没个结果，我闷闷地回房继续学习，当看到一本被我随便丢在角落里的书籍的时候，我突然释然了。读书，本身是一件很好的事情，各有各的目的，各有各的选择，难道非要争个高低贵贱吗？我自认为对待书籍的态度一直是崇敬的，但我的很多书都卷了页脚，黄了纸面，甚至还有很多沾了油渍和米粒，大概是常常一边吃饭一边看书的"成果"。我并不要求读书有一种仪式感，非要把书平铺好在桌面上，挺直腰板拿起一支墨水充足的笔，而是有空下来的时间就拿出一本来或仔仔细细或一目十行地读一读。我从不期待读一些书就能使自己深刻，因为读书只是我打小养成的一种习惯、一种乐趣，小时候不拉着妈妈给我讲几则童话故事就睡不着觉，到现在一周读不上新东西就觉得生活没了灵魂。正是因为我没把读书看成"充实自我，提高境界"的手段，所以我做不了笑孔丘的凤歌，写不出"我本楚狂人"，但这些丝毫撼动不了我对深刻的追求。我甚至觉得骄傲，为了这份对书籍的纯粹的热爱而骄傲。

　　读书之于我，是与风格迥异的人们邂逅，是与他们的一场心灵交流。我一直相信无论科技发展到何种程度，读书都不会落后于时代。信息时代的蓬勃发展使得现今人们的生活逐渐变得碎片化，浮躁化。这种手捧书本，细嗅书香，品读文字的过程是人类最应重新拾起的。有人说：读书时只有视觉参与阅读过于枯燥了。实则不然，我最为享受的就是读书中自己边阅读文字，边在脑中想象书中世界的过程。我曾与《追风筝的人》中的哈桑共同经历过阿富汗的战乱年代，也看到过《了不起的盖茨比》中那个"二战"后倾颓不已的美国。抑或是与余秋雨一同行进在苦旅之中，随着他的抒情感慨，我仿佛也成了一个旅人。这种想象在今天显得尤为珍贵，当劈天盖地的信息流向我们袭来时，我们是否还能保得住自己那美好的想象世界呢？我们读书，不仅是要改变世界，更是为了不让世界改变我们。

　　读书之于我，便是从文字里听到人们的心跳声。《边城》中翠翠与二佬相遇在端午节那天晚上，翠翠在码头没有等到爷爷，却撞上了坐船回来的二佬。二人简单短短几句话，就勾勒出两个年轻人单纯青涩的心跳声，像一首浮动的山曲，旋律朴素，但灵动婉转的音调却足以在读者心中荡起层层涟漪，且久不能散。《呐喊》中也充满了心跳声，而这份心跳是强劲有力的。鲁迅先生在呐喊中塑造了一个个病态的面孔，我认为鲁迅先生的文字都是以心中的大爱，为国人悲哀，为国家呐喊着。正如鲁迅先生所言："所以我的取材，多采自病态社会的不幸的人们中，意思是在揭出病苦，引起疗救的注意。"所以他的作品才一直有着这样的穿越时间的铿锵之音。我愿听见书里所有人的心跳，小到对一个人，大到一个民族、一个国家甚至整个世界。因为这样的心跳声，足以改变人心，改变世界。

读书之于我，是通过前人的经历来试图把握今日时代的脉搏。阅读中国历史的盛衰荣辱，可以纵观几千年来循环往复的王朝变迁留下的历史遗存，我从吴广、陈涉的大泽乡起义中，从阿房宫那被付之一炬的可怜焦土中，从李自成起义的天京之变中，无不体会到人民对于历史发展的重要性，更体会到毛泽东对黄炎培所说的"跳出历史周期律"的远见卓识；阅读战争纪实文学，给我带来对于战争时代下人性的思考，《最后一役》中的安茨在柏林战役结束时，对着久违的太阳说："在此之前没有什么东西触动我，所有的感情都死去了。自从这一切开始以来，我第一次哭了。"让我体会到时代之势的不可阻挡与时代滚动之下人们被钳制又再次重生的力量带来的感动。今日的中国，正处于一个新时代的起点，波诡云谲的国际社会透露出我们所面临的机遇与危机，唯有读书，以史为鉴，才能拨开迷雾，不被舆论所扰，保持清醒的思维，把握时代的脉搏。

字里行间，我看见星辰大海

2021 届钱学森 1 班　吕子林

年纪很小就与书结缘了，所以爱读的也都是些简简单单的故事，想来读得最多的是《儿童文学》。打开这本刊物，就可以进入到一个更加自由、更加鲜艳的世界。我"看"到过七彩的糖豆从女巫的锅中跳出来，奇怪的龙努力起飞，住在黑暗星球的人们最终迎来阳光；我也"看"到过嫁给了狐狸的孩子与狐狸一起跟婆婆掉着眼泪道别，走在江南石板路上的女孩儿等着父母回家，中学生们在黄昏时刻一别成永恒。或是欢笑，或是激动，或是悲伤，或是遗憾。无论是浸着哪种情绪，这些故事都在诉说什么是温柔，什么是爱。仔细想来，一直到目前为止，我对世界抱有的最基本的情感，还是书给我的。

过了十二三岁，由于《儿童文学》能带给我的实在是有限，我便改读长篇小说。

那一阵儿对"动物"喜欢得紧。

从《马王》到《风之王》，从《狼犬赤那》到《猫王》，一直到中英双语的《黑骏马》，我跟着拳毛骒在草原上驰骋，看着风之王在赛场上夺冠，陪着赤那一起在冬天艰难生存，望着在峭壁上攀爬的小猫，跟着黑骏马走过了它艰难但圆满的一生。书中所描写的草原是那样的广阔，在草原中奔跑是那样的自由，我一刻也不肯放下手中的书，像个痴子一般沉浸在书中的世界。

可能对于当时的我而言，现实世界太过无聊，又太过沉重。说起来也有些可笑，我对童年最多的记忆，居然是书中所描绘出的景象，现实世界在我的记忆中像一片影子，怯懦地藏在书的后面。

可通过阅读，我最终发现怯懦的不是现实的世界，怯懦的是我自己。当我终于从书本上抬起头来时，我猛然发现人与这些书中的"动物"是如此相像——不，该说是这些"动物"就是人在文学世界中的映象。

我差一点就要溺死在书的海洋中了，但书也组成了一艘船，救走了即将溺水的我。

从《肖申克的救赎》开始，我渐渐体会到了人性的魅力。"有些鸟儿是关不住的，因为它们每一根羽毛都闪耀着自由的光芒。"每当我咀嚼这句话的时候，我都无法不被它触动。正是因为这样，我尝到了甜头，所以在初中阶段我读了更大量的书，所有的书都有关于"人性"。我的书包不论有多沉，都永远会为这些书留出位置。在当时，因为学习忙起来了，我怕自己不读书，还特意将台灯移到了床上，在枕头边儿上码了厚厚一摞书，码得比枕头还高，让自己一打算睡觉时就看到它们，督促自己读它们。可能有的人并不中这一招，但对我，这招可是相当管用——谁叫我看到书就忍不住拿起来读呢？从初一到初二，在我床上的那盏台灯在深夜常明，有很多次我醒来，这盏台灯都没有关上，手里的书也没有合上。

它们就是我的虫洞，能让我到达另外一个世界，窥探到另一个世界的万千星空。

我很诧异为什么会有人觉得读书费劲，同时我也很庆幸我能与书结缘。对于我来说，不读书，意味着缺失了生活的一部分。人的一生实在是太短了，每当我站在星空之下仰望苍穹，都会忍不住颤抖，头皮发麻，我的潜意识与意识一同认识到我的渺小。可我又多么地渴望看尽这灿烂的星空！我贪得无厌，我想在我的一生中有无数个"一生"！所以我低下头，看着这颜色单调的白纸黑字，看过这颜色单调的白纸黑字！

最后的最后，在字里行间，我看见星辰大海。

心中有书　自在远方

2021 届钱学森 1 班　刘嘉颖

大约是母亲拿着童话靠在床边，用温柔的声音哄我入睡时，我与书就结了缘。

幼时喜欢读书，是喜欢书中的世界。那个时候我就总觉得，比起动画片中跳脱的音乐与稚嫩的童音，书中的文字更有魅力。那是一种寂静无声的魅力，内敛而沉默，当你捧起书时，周围的一切都变得安静起来，渐渐地，你仿佛能听到有人在交谈，起初那声音还很小，可渐渐地，越来越多，越来越清亮，终于，一幅画卷在你面前徐徐展开，它会随着你的阅读不断变化，那是一个你自己创造出来的全新的世界。

我的童年，几乎是在那里度过的。我喜欢跟着小王子去经历一个又一个奇幻的旅程，喜欢去挑一盏有魔法的神灯，许下一个愿望，我喜欢让那些人物随着我的心情肆意变化，也许有一天你会发现女巫变得善良，恶魔会收起獠牙，露出两个尖尖的小角，那就是独属于我的天地。

后来渐渐大些，读书于我，就是在学文化，长见识。书带着我，一朝一夕就行遍千年岁月。有时，是那个名叫魏晋的时代，有"孔孟礼教与我何干"，也有"刘伶醉，王戎老，竹林酒肆阮籍哭"。那里有行云流水绝世之作的《兰亭序》，也有翩若惊鸿、妙入毫颠的《洛神赋图》。有纵情山水、清谈饮酒的名士，又有烟云水气、风流自赏的气度。

有时，书会带我去看看大唐风气。长安牡丹花开早，舞榭歌台山月好。那时山河定，四海平，万国天朝。你也许会撞见一位仙人，提着酒壶，摇摇晃晃地走上街头，他的眼睛里有月光，有仙宫，有街头叫卖的小贩，有华清池里的贵妃，他仰头倒了一口酒，不禁朗笑出声。他啊，是"绣口一吐，就半个盛唐"的李白。你踏上长安的官道，迎面就是青牛白马七香车，凤吐流苏带晚霞。你会看到归来的侠客、浓妆的娘子，一切的一切都是你从未见过的繁盛。

那时候我才惊诧地意识到，原来我脚下的这片土地，曾经孕育了如此的文化，我忽然发现，这个世界，从来都不只是你看到的那样，它包容，发展，那些你从未亲身经历过的时代，会通过书籍，一点点浮现在你眼前，让你不由心向往之。你看，这就是文字与书籍的魅力所在啊。

现在，我更喜欢去体会人物背后的精神。有时候，我会觉得很悲伤，也许是被人误解，又也许是考试失利，像是骤然站在了黑暗中，寒风凛冽而来。我曾经以为我这辈子，都要被这些情绪所困扰。我读曹操，读嬴政，读诸葛亮，我以一个局外人的身份，看着他们从懵懂少年到垂垂老矣，看着他们做出的每一个选择，遇到的每一个困境。是他们告诉我：

"哪怕看不到光，也要一直向前走。"

"你这一生总要有一件事情，是不计得失，不论成败，撞了南墙也绝不后悔的吧。"

那些文字让我从负面情绪中走出来，让我带着温和与安定，义无反顾地走下去。

你读的书越多，感受的就越多，也许是浓浓的家国情，挚友间最纯真的友情，又或许是那份少年意气，那些每读一次都让人热血贲张的文字，教会了我爱与希望，让我能带着他们的影子，走向更远的地方。

　　身在井隅，心向星光，心中有书，自在远方。

读书可以改变一个人吗？

2021 届钱学森 1 班　田新榕

人们总说，读书可以改变一个人的一生，或是可以成就一个人。但是，我总觉得这些话是在夸大其词。因为我在读书的时候，从没觉得读书给我带来很大的益处。

直到，我遇见了这本书——《书都不会读　你还想成功》。

这本书是从一个普通的职场菜鸟的生活来叙述的。主角洪镇洙是一个生活很不如意的普通职工，他的生活可以说是一团乱麻：失败的工作、提出分手的女友、交不起的房租……他每天都深陷于生活的泥沼，努力挣扎却无济于事。他很想改变这样的日子，于是他在朋友的引荐下结识了一位良师——一名读书高手。在他的帮助下，洪镇洙半信半疑地开始尝试读书。随后，他更是完成了一百天读三十三本书、一年读一百本书还有采访十名 CEO 的挑战。在这个过程中，不仅是洪镇洙本人，就连我也惊奇于他的改变：从对读书产生兴趣，有了良好的精神面貌，学会积极面对现实，到升职加薪，确立人生目标，改变自己的人生……他的人生，真的出现了奇迹。

通过这本书，我明白了读书的意义。读书，可以解决我内心的疑问。上了高中以后，我的学习负担加重了，看见成堆的作业和刻苦努力学习的同学们，我产生了一个问题：读书与学习是冲突的吗？

而现在，我得到了这个问题的答案。书中的主角承受着生活的负担，面对做不完的工作以及经济上的困难，他依旧可以挤出时间完成看似不可能的读书挑战。所以我真的"没时间"读书吗？就像书中的人物所说："读书就像一天三顿饭。"重要的是当读书习惯达到一定程度时，不论早晨读还是晚上读，也不论是在地铁里读还是在家里读，都会像一天吃三顿饭那样不厌其烦地去读。所以，那些所谓的"没时间读书"，或许只是一种逃避的理由罢了。

　　这本书是我的读书宝典，也是我读书路上的一位重要的伙伴。它解决了我很多有关读书的问题，并且给了我很大的动力。我很少把一本书读两遍，但我没事的时候总会把它拿出来翻一翻，因为每次看完，它都会给予我读书的冲动，它就像一位老友一样为追寻目标的我加油呐喊。

我与金庸结缘

2021 届钱学森 2 班　王鹏皓

还在读小学的时候，有一次在暑假推荐阅读的书单上，我看到了"射雕英雄传"的字样，突然想起母亲头两天看的电视剧好像就叫这个名字，在好奇心的驱使下，我买了一套《射雕英雄传》，拿回家就开始阅读。

只读几页，就欲罢不能了。书中错综复杂的人物关系和跌宕起伏的情节深深地吸引了我。读完一遍，忍不住又从头翻开，又欲罢不能，于是读了第二遍。过了一段时间，偶然翻开，又放不下了，于是读了第三遍。接下来，顺理成章地读了金庸的《天龙八部》《笑傲江湖》《连城诀》等，对金庸兴趣越来越浓。

迷恋金庸小说无疑是因为"看热闹"，但看着看着，就变成"看门道"了。

《天龙八部》少林寺英雄大会时，萧峰与父亲萧远山找慕容博父子报仇时，慕容博友人鸠摩智突至，萧氏父子以二敌三，处于险境。然而这时慕容博却提出了一个条件，只要萧峰助其复国，就甘愿让其所杀。萧远山为之动心，但萧峰断然拒绝，不愿因自己的私仇而使得天下百姓生活在战乱之中。我看到了做人的不同境界，深深地折服萧峰那以天下苍生为念的"大仁大义"。

《连城诀》中，主角狄云在狱中认识丁典，二人成为了要好的朋友。在丁典被害中毒即将死去时，曾委托狄云把他的尸骨与情人霜华合葬。狄云答应了他，经历种种磨难，终于完成了朋友的嘱托，我看到了难能可贵的"信义"。

在《射雕英雄传》里，郭靖幼时，江南七怪远赴大漠，收他为徒，传授武艺。虽然郭靖后来的功夫、地位远远超过了江南七怪，但他对他们的尊敬丝毫没有减少。《笑傲江湖》中的三角令狐冲，被岳不群抚养长大，对其恩铭记不忘，并不因为岳不群后来的决绝而失去感恩之心。从中我看到了"尊师之道"，看到了"知恩图报"。

黄老师知道我喜欢金庸小说，就启发我说："《射雕英雄传》是一部成功宝典，不妨琢磨琢磨。"想想武功最强的几位高手，确实深受启发。《射雕英雄传》中功夫最高的是东邪、西毒、南帝、北丐以及老顽童周伯通。东邪黄药师，悟性高，天赋好，功夫大多是自创的，自成一派。他是一个全才，奇门遁甲、五行八卦、琴棋书画等无一不晓，无一不精。他狂傲不羁，性情孤僻，极其自傲，不愿弱于他人，因此他勤修苦练，功夫无人能敌。西毒欧阳锋，有着极强的功利心，一心想夺得"武功天下第一"的名号，为此不择手段、毫不在意练功之辛苦。最终逆练九阴真经，虽夺得了第二次华山论剑的第一名，但由于执念太深，神志不清，成了疯子。老顽童周伯通更是一个典型的例子。正所谓"知之者不如好之者，好之者不如乐之者"，老顽童天性纯真，喜爱练武，以学武功为乐，他和其他人不同，练武无其他目的，只是为了好玩。也正因此，最后老顽童的武功在其他四绝之上。主角郭靖在《射雕英雄传》最后武功虽然没有那么高，但在后来的《神雕侠侣》中，那个镇守襄阳、为国为民的郭靖郭大侠的武功已是天下第一。这和他的境界、人格力量有关，他守护边境，一切为了大宋，受万民敬仰，最终更是以身殉国。

那些顶尖高手，除了都刻苦练功而外，或聪明，或执着，或兴趣浓厚，或人格高尚。他们最终的结局，取决于他们做人的境界。这些认识，为我们的成长提供指引。

金庸小说的"门道"当然远不止这些。让我们一起捧起它们，从"热闹"中感悟"门道"。

关于读书的两点体会

2021 届钱学森 2 班　邬昀烨

有人说，读书好，多读书。我深以为然，并且有所体会。

一

首先，"开卷有益"可以作为我们一贯的读书信条。有空就随便翻翻，总是不错的。这"卷"可以经横平竖直的方块字写成，还可以掺杂二三洋文；要读白话，也最好辅之以文言。当然，在选择阅读的书籍时，也要擦亮自己的眼睛来甄别优劣。同时，我认为中学阶段读书，最好不要拘泥于某一类书籍，而是要广泛涉猎。在时间不够充裕的情况下，宁求广度，不求深度。

说说自己，我从小喜欢文学类书籍（说白了，就爱看故事）。小学时，曹文轩老师的每一部作品都给予我深深的震撼，是童年记忆中那份纯真的感动；到再大些，能学会细细品读四大名著，用手不释卷来形容毫不夸张。人们常说：文史哲不分家。也直到步入初中，通过各种途径接触到一点哲学、心理学，感到颇为有趣；后来又送上了读史，只是后悔为何没有早些遇见。所以说，若是没有多读书作底，怎能知道自己究竟喜欢什么？从个人素养角度看，多读书可以扩充知识面，开阔眼界，陶冶情操；功利地说，一旦知识面拓宽，就意味着你拥有更大概率碰到"真爱"，发现真正的兴趣点，对今后的发展方向、专业选择以至就业产生更清晰的认知。

二

再者，读书要"舍得"：不光是舍得花时间去读，更要舍得下功夫不断琢磨。

朱熹说，读书，要"反复详玩"，才能收到成效。再讲一个自己的例子。我读过的第一本文言小说是《镜花缘》。这对刚上小学的孩子而言，着实是本"难念的经"。当时虽未逐字逐句读懂，只是囫囵吞枣，看个乐呵。然而那次阅读的经历，使我第一次体会到读书原来可以如此酣畅淋漓。忘不了浪漫缥缈的世界在头脑中徐徐构建，花仙托生的百位才女缓缓推开新世界的大门。

时隔多年重读，那美轮美奂的理想世界仍会映入眼帘，并且可以看得更加清亮而真切，望到更加遥远的地方。可其中对现实社会的暗暗讽刺，以及对女子不幸命运的悲哀又那样发人深省，这都是童年时的我绝看不到、读不出的。这本《镜花缘》到今天已经纸页泛黄，并且在床头的小柜上仍占有一席之地。我对它熟悉到什么程度呢？大概是众百花仙的名号都深谙于心。若是有人问我书读百遍真的"其义自见"吗，我会给他一个肯定的答案。

这也是读书的魅力所在吧。随着年岁渐长，看到的总归有所不同，并且温故知新，常读常新。我们读过的书从不会凭空消失，而是融进血与肉中，渐渐幻化成自己不凡的谈吐、超群的气质。

读书这个话题实在太大，以上只是简单的一二观点。至于读书到底要怎么读，有什么样的好处，还请各位多读书，在书海之中寻觅答案。

爱故事，爱真理，爱读书

2021 届钱学森 2 班　王子祎

读的第一本书已经不记得了，但第一本真正意义上"读过"了的书，是曹文轩的《草房子》，是因为小学语文老师要求而读的。刚开始是为了应付老师定期根据书中内容出的题，但随着故事内容的不断深入，我读这本书便从被动变成了主动，我开始被故事情节的发展所吸引。

到了初中之后，我读完了《西游记》《水浒传》《三国演义》。这其中，《水浒》让我养成了读书的习惯，让读书变成了像吃饭一样重要的事情。每天无论多忙，也要读上两三页。至于原因，每天拿出不长的时间，沉浸在故事中，于我而言是很好的事情，也令我很享受。而对《三国演义》我则是喜欢得不得了，读了第一遍，又读了第二遍，因为时间原因，第三遍又读了不少才停下。个性鲜明的角色、战争的场面，都令我如痴如醉，欲罢不能。这之后除去课内要求的书，我又读了《教父》《百年孤独》以及泰戈尔的诗集等。

书对我产生了很大的影响。首先，从实际来说，多读书就会提升自己的阅读能力，这是肯定的。读《论语》《资治通鉴》《古文观止》一类的书，一方面丰富精神世界，一方面做古文题得分自然也就高了。再有，关于读书，我听过这样一句话，大概是用你不多的钱、不多的时间，换来别人一生所积攒的财富。是的，读书使我获得故事，好的故事永远是无价的，对我的启发更是弥足珍贵。

最近一年很少拿起书来读了。找不到像《三国演义》一样喜欢的书了，或许是时间、精力的限制，也可能这些都是借口。但我相信我会很快捧起书的，因为我爱故事，爱真理。打游戏的时间可以读书，刷朋友圈的时间也可以读书，喜欢的书也会找到。

就好像再忙也要吃饭，读书也是。

读书有益

2021 届高二 4 班　张熙玥

读完梁实秋先生的《书》后，有十分深刻的感受。读书是好事，但读什么书甚是重要。要有选择性地读书，才能有益于身。

像赵国赵括，熟读兵书，率兵四十万却败于长平，自己也葬身于乱箭之下；鲁迅先生笔下的孔乙己满口之乎者也，可终被社会淘汰。他们不仅"开卷"，而且还"开"了不少。但最终的结果却让人痛其愚，哀其不幸。

所以开卷未必有益。是否有益取决于开的是什么卷，怎样开。试想，如果开的是那些华而不实，只为取悦读者或者充满叛逆暴力的庸俗读物，开卷能有益吗？这类书，切勿开卷！一本好书，如果只是走马观花似的浏览无趣，要细细品味。如何欣赏那精妙绝伦的文字？如何理解作者心中击打出的智慧火花？如何与作者分享那字里行间的点点情、丝丝意？

那么，我们开卷以前一定要选卷。选出包含前人智慧，蕴含哲理的、完美的、爱的华章，然后认真品读。读出陶渊明"采菊东篱下，悠然见南山"的恬然和质朴；读出杜甫"安得广厦千万间，大庇天下寒士俱欢颜"的忧国忧民；读出鲁迅"横眉冷对千夫指，俯首甘为孺子牛"的疾恶如仇，心系同胞；读出徐志摩"轻轻地我走

126

了，不带走一片云彩"的恋恋不舍。开卷，就是要选择这些有真性情真思想真境界的好书！

当然，读这些经典之作并不意味着我们完全抛弃了现代流行文字。韩寒的幽默风趣、安妮的深沉而富有哲理都给我们留下了深刻的印象。在闲暇时有些笑话、另类文章也能让我们开怀一笑，开阔一下眼界，关注一下当下流行。经典永远都是经典，流行则可以成为一个时代的经典。只要我们开卷前认真审视一下就能去其糟粕，取其精髓。

读书之我见

2021 届高二 10 班　艾比拜

书，读而孜孜不倦，可清气，可育德行，可扬正气，可振国。

读书可清气，可治愚。清末重臣曾国藩曾在写给儿子的信里提道："人之气质，由于天性，本性难改，唯读书可变气质。读书可变骨相也。"的确，山有玉则石润。一个人的气质、智慧、修养和成功往往与长期大量读书是分不开的。读书能增补感知的不足，使人超越时间空间的限制，与古今中外的智者进行精神交流，从而认识世界的精彩与奥妙，提升自己的思想境界。书读得多了就比别人站得高，看得远，行得顺，前进的道路就会相对平坦。读书可以净化人的心灵，而气质是心灵的外化。这种气质并不是精致的妆容或刻意的模仿所能表现出来的。那些没读过多少书的暴发户，即使一身名牌，百般装扮，也不能掩盖他们的庸俗与人文素养的缺失，浑身铜臭！

读书能提升人的气质，能治愚，能铸就有高度的人生！所以，读书吧！

读书可立德，可扬正气。随着社会的高速发展，人们的生活节奏也随之加快，娱乐盛行，人人浮躁。无论大街小巷、地铁公交还是在家庭聚会的餐桌上，低头族无处不在，如一个个失去灵魂的傀

128

偏，他们完全陷入了一个虚拟的世界里。人人沉迷于手游、追星、追剧，从而导致人与人之间关系逐渐变淡，甚至有些人出现强烈的厌世情绪，抑郁症病人的概率上升，那些本该引起社会广泛关注的话题却无人关注。某某明星结婚生子的消息会在几秒内被推上热搜，而我国科学家的重大发现或者是某位专家逝世的消息却无人问津！一个本该受到万众夸赞的英雄事迹却惨遭网络喷子的冷嘲热讽与嘲笑！这是社会意识的淡泊还是道德的沦丧？为什么人们精神世界的发展赶不上科技经济的发展？其根源不就是人们人文素养的缺失，不就是读书少吗？

读书恰恰是弘扬社会正气，促进民族觉醒的良方。所以，读书吧！

读书可治穷，可振国。"落后就要挨打"，这是我们浴血奋战的前辈们留给我们的警言。因为封建落后，人民文化水平低，科技不发达，惨遭他国侵略蹂躏的国家并不少见。过去是这样，在如今所谓的"文明社会"也是如此。因为弱小，所以真相并不重要！这一切的根源都在于发展水平的低下，唯读书可救国！周总理就曾说过："要为中华之崛起而读书！"科学技术是发展的关键，而读书就是大国崛起的基础。

读书吧！为了精彩人生，为了社会正气，为了中华之强盛！坚持读书吧！终有一天你会发现，即使读书之路艰苦，只要我们拼尽全力走下去，我们就会变成强者！

在文字的海洋里遨游

2021 届高二 10 班　苏晓嫒

　　我幼时是不怎么喜欢读书的，大抵是孩童浮躁的心无法沉静下来，总让人心烦意乱。长大以后，我冲窗外的蝉鸣挥挥手，算是与儿时聒噪的自己告别。捧起书，我竟感觉我原本狭小的世界逐渐开阔明朗起来。

　　"读书就好比隐身'串门'。"杨绛先生如是说。读书的确让我走近许多古今中外的仁人志士，了解他们奇妙的人生经历。我陪屈子走在春深树茂的清幽竹林，听他长叹一声，仰首作下"长太息以掩涕兮，哀民生之多艰"的名句；我安慰着伤痛欲绝的柳永，漫步在"杨柳岸晓风残月"的风景里。一种相思，两处闲愁。易安那可悲可叹的经历，我看见她一生的颠沛流离，她是在上元节用灯谜表心意的羞涩才女，是深闺思念丈夫的妇人，也是感慨"至今思项羽，不肯过江东"的豪迈诗人。我见人生百态，我见岁月流殇，就这样，渐渐地，沉醉在书店淡雅间……

　　我乘着一叶扁舟，在文字的海洋里遨游，我见光怪陆离，我见绿水青山。我去领略那水乡风光，划一支小桨拨开知识的迷雾，留下一串串斑斓水色，找寻书中的真理。踏上沉积岁月的青石板，我撑起一把油纸伞，因风的舞动，丁香花瓣开始下落，我彳亍着，抚摸缓缓爬上陈旧桥面的几处青苔。我赞叹无边雄伟的大漠，狂风卷起黄沙，洋洋洒洒。士兵的脚步声逐渐清晰，我举剑竟感慨起青丝变白发，苦留一滴清泪。我仰头看那大漠的月儿，不知那上面是空茫一片，还是满树桃花……这一切，皆为读书之见，这些书中的故事，丰富了我的情感，我心随我见。

黄昏时偷来你的肋骨酿酒，百年后也醉得有血有肉，我见随处净土，也见万物生，我见书，初如惊鸿一瞥，再见是日久生情。

珍惜芳华，与书为友

2021 届高二 10 班　周晴

静谧而疲倦的午后，独自坐在图书馆的窗边，任轻柔的微风拂起发丝，任碎金般的阳光洒在身旁。手中摊开的书页如白鸽般"呼啦啦"飞过，我贪恋在文字的芳香中，与书来一次邂逅……

与书的邂逅总是如此令人神往与着迷的。是的，读书，给了我们放飞思绪，回归内心的机会。林清玄在《人生最美是清欢》一书中说，"在茫茫的大千世界中，每一个人都应该保有一个自己的小千世界"。而读书，便给予了我们这样一个世界。纷繁疲倦的一天过后，沏上一盏热茶，铺开一本书，让思绪在素白的书页之中跳动遨游。这一刻，会让我们忘记嘈杂，抛开喧嚣，寻觅到内心真正的宁静。我们可以尽情抒发自己的想法，不受任何束缚。读书，不仅是让我们把思绪放出去，更让我们把自己找回来。我眷恋着书中的文字，享受着书带来的自由，久久不能自拔……

读书，亦让我们在另一个全然不同的世界中驰骋，给我们以心灵的启迪、人生的感悟。读《追风筝的人》，看恩典与救赎勾勒出的生命的圆满循环，人性的救赎，让我们勇于追逐生命中的"那只风筝"。读《苏东坡传》，品东坡居士清风般的一生。他光风霁月，高高超越于蝇营狗苟的政治勾当之上；他随性洒脱，随时随地吟诗作赋，挥毫泼墨，深得其乐；他纯朴自然，慷慨厚道，上至玉皇大帝，下至卑田院乞儿，无一不愿与他为友。正是此书，让我体味到"莫听穿林打叶声，何妨吟啸且徐行""回首向来萧瑟处、归去，也无风雨也无晴"的人生真谛。读余秋雨，看诗化般思索天下的灵魂。读海明威，品在生命狂涛中独立奋斗的不屈品格。读鲁迅，听忧国忧民，奋力发出的时代呐喊……读书，让我们在简单几页纸张中获得人生体悟，洗涤心灵。

读书，给予了我们太多，同时，它不受任何条件所限。宋代诗人陆游年老之时仍有"灯前目力虽非昔，犹课蝇头二万言"的魄力。"少年易老学难成，一寸光阴不可轻。未觉池塘春草梦，阶前梧叶已秋声。"为此，我们更应珍惜芳华，与书为友，以弓中之志装点人生路。

我家读书

2022 届钱学森 1 班　于遥

某日，我与爸爸聊起我读书的事。他很有兴致，说得有理有序。我不禁记录如下：

为什么要读书？

有道是：书是人类进步的阶梯，读书是与高尚的人对话，读书破万卷，下笔如有神……开玩笑的，没想这么多，最初的出发点就是我不喜欢你过度使用手机，不希望你把大量时间精力浪费于游戏和聊天。

读什么书？

书籍海洋浩瀚芜杂，总要有所选择，都说兴趣是最好的老师，那么就从兴趣入手，并希望在读书过程中得到强化和提高。

我喜欢看历史，你也受到一定影响。最早从历史书籍入手先后成套购买了《历史老师没教过的历史》《历史的温度》《半小时漫画中国史》《半小时漫画世界史》等。

由此而产生兴趣进一步关注相关作者公众号如"馒头说""混子曰"，爱屋及乌扩展到《半小时漫画唐诗》（两本)、《少年读史记》（全套五本），以史为鉴可以知兴替，以人为鉴可以明得失，相信这些历史书籍有利于帮助你建立正确的历史观、人生观……

科技是第一生产力，科技引领社会发展，科幻小说也应该关注，希望能给你埋下科学的种子。首先从刘慈欣的雨果奖获奖作品《三体》开始，《三体》《黑暗森林》《死神永生》三部给人以非常新奇独特震撼的观感，而阅读硬核科幻作品又需要掌握一定现代物理理论基础，于是又同步购买了科普版《图说时间简史》《给忙碌者的天体物理学》《薛定谔的猫》。

产生了兴趣你就热切要求观看科幻电影《星际穿越》《流浪地球》，进而产生读原著的欲望而购置《时间移民》等系列科幻作品六本，《宇宙钟摆》三本；另外衍生了一个逻辑推理的需求，相继阅读了《福尔摩斯探案集》一套四本，阿加莎·克里斯蒂推理作品《东方快车谋杀案》等一套五本。

中华文明五千年生生不息，文学作品也起到了很大作用，文艺熏陶必不可少。结合学校读书要求，督促你阅读《红楼梦》《乡土中国》《棋王树王孩子王》以及《朝花夕拾》《城南旧事》等，世界文学名著《复活》《呐喊》等八本。其他图书若干：余华《活着》一本，肖复兴青春三部曲，张岱《夜航船》两本，老舍《茶馆》一套三本，《小坡的生日》等老舍选集一套四本，《三国演义》连环画全套六十本。

阅读似乎并不容易有立竿见影的效果；我知道你阅读中也许不乏走马观花不求甚解的现象，但是我还是相信开卷有益，相信好的图书只要打开就比不看好一些；我也相信言传身教、潜移默化的结果好过苦口婆心的谆谆教导。

读书的过程，本身就是效果之一。

书目推荐

有关毛泽东、鲁迅的书

《毛泽东选集》

毛泽东思想的重要载体，是毛泽东思想的集中展现，是对20世纪中国影响最大的书籍之一。北大曾搞过一次读书推荐活动，156名北大教授，每人推荐"对我最有影响的几本书"，结果《毛泽东选集》《钢铁是怎样炼成的》等成了热门书籍。

毛泽东的文章高屋建瓴，说理透彻，逻辑清晰，充满辩证思维；毛泽东其文虽然真高深，但不以高深的面目出现，更不装腔作势，而是深入浅出，容易读懂。对于中学生的思维和表达（尤其写作议论文的谋篇布局、组织架构、内在逻辑等），特别有益。《论持久战》《实践论》《矛盾论》《在延安文艺座谈会上的讲话》《论十大关系》等，很值得反复地读。（黄耀新）

《毛泽东诗词鉴赏》

毛泽东诗词是民族艺术的瑰宝、时代精神的丰碑。它最典型的特征是"大气"，具有前无古人的气魄。毛泽东诗词的境界博大开阔、气势恢宏、摧山撼岳，具有吞吐山河、雷霆万钧的磅礴气势，具有转动乾坤、拨动历史、藐视一切困难和强权的无与伦比的豪气。

毛泽东诗词在意境的创造和场面的描写上极具特色，景物明丽，具有鲜明的象征性。

毛泽东诗词具有深刻的哲理性，许多诗句成了广泛流传的至理名言。

毛泽东诗词在内容上是现实主义的，创作手法上则是浪漫主义的。他把丰富的想象、巧妙的比喻、大胆的夸张、历史故事、神话传说融合在一起，创造出一个个极具特色的艺术形象，展示了丰富的情感和姿态万千的内心世界。

《毛泽东诗词鉴赏》告诉我们：读毛泽东诗词，能激起豪情，能净化灵魂。（黄耀新）

《毛泽东箴言》

辑录了毛泽东著作中充满哲理、寓意深刻而又浅显易懂的名言警句，在世界观、人生观和方法论等方面给人以启迪和教益，是名副其实的传世箴言。（黄耀新）

毛泽东传记三种

《毛泽东传》，中央文献研究室编写。是第一部由中共中央批准编写的毛泽东的传记，主要依据中央档案馆保存的大量有关毛泽东的档案资料，参考同毛泽东有过直接接触的人士写的回忆文章和对他们的访谈记录，借鉴吸收毛泽东研究方面的一些成果，在对毛泽东的生平和思想进行了较长时间认真研究的基础上写成的。（张艳茹）

《毛泽东传》，美国作家罗斯·特里尔著。采取了通常以叙述为主的传记笔法，在史料甄别、背景分析和观点评价等方面，都经过深思熟虑和精雕细琢，是西方数百种《毛泽东传》中的经典之作。是比较客观的传记，从成长到心理分析，换一个角度了解这位深深影响了中国的人物。

《毛泽东：峥嵘岁月（1893—1923）》，李锐著。最适合中学生这一年龄段阅读的毛泽东传记。作者是公认研究青年时期毛泽东的权威。他前后历时四十年，数度修订，撰成《毛泽东：峥嵘岁月（1893—1923）》。他以第一手原始材料为依据，以近身的观察分析为凭借，将毛泽东早年的才具、胆略与豪情，以及其困学勉思，参与、领导学生和工农运动的历程，予以历历重现。

由于毛泽东崇高的政治地位和巨大的世界影响、历史影响，各种传记都不可能很全面，也很难做到完全客观真实。了解毛泽东更好的途径，是阅读他自己写的文字。（黄耀新）

《毛泽东的读书生活》

主要由当年曾工作在毛泽东身边的龚育之、逄先知、石仲泉等人撰写。真实地再现了毛泽东手不释卷的读书风貌，对于读者了解毛泽东的读书生活有着不可替代的意义。毛泽东作为一位博览群书的革命家，孜孜不倦的读书生活伴随着他的一生。毛泽东读书的范围十分广泛，从社会科学到自然科学，从马列主义著作到西方资产阶级著作，从古代的到近代的，从中国的到外国的，包括哲学、经济学、政治、军事、文学、历史、地理、自然科学、技术科学等方面的书籍以及各种杂书。（黄耀新）

《鲁迅全集》

鲁迅（1881—1936）是现代文学第一人。在最近的一百多年历史中，许多作家沉浮不定，唯有鲁迅巍然屹立。虽也有人不遗余力地贬损鲁迅先生，但他们最终都成了撼树的蚍蜉。

鲁迅先生是现代中国最清醒最深刻的人。比他晚几十年的大量的作家和作品都过时了，他是非常注重现实的，其作品却反而超越了现实。是他立足于现实的深刻使他突破了现实的局限，还是现实的不断重复，无法逃过他的剖析！鲁迅研究专家旷新年在比较鲁迅与其同时代的大家之后感叹道："像胡适、林语堂、周作人，他们与我们民族的生存经验是脱节的。胡适、林语堂身上挂满了西方的奖章，周作人甚至可以做汉奸。他们活得那样精致漂亮，和我们粗暴的灵魂灾难的历史有丝毫关系吗？"只有鲁迅，才与我们民族休戚与共，才真正懂得中国，真正走进了民族的心里，真正揭示了本质。中国人的心理结构和文化结构，至今还没有走出鲁迅的视野。

鲁迅先生学贯中西，学养深厚。他教学的讲义《中国小说史略》是经典的学术著作。

鲁迅先生的语言极具特点，极具个性化，犀利幽默，简捷形象，意蕴深远。

鲁迅既不讨好左翼，也不讨好右翼，始终站在平民和民族的立场上，用自己的眼睛冷静地观察，用自己的头脑冷静地思考，不盲从，不伪饰，旗帜鲜明，敢爱敢恨，赢得了巨大的崇敬，也遭到了许多攻击。郁达夫说："没有伟大的人物出现的民族，是世界上最可怜的生物之群；有了伟大的人物，而不知拥护、爱戴、崇仰的国家，是没有希望的奴隶之邦。因鲁迅的一死，使人们自觉出了民族的尚可以有为，也因鲁迅之一死，使人家看出了中国还是奴隶性很浓厚的半绝望的国家。"

鲁迅是中国的，也是世界的。诺贝尔文学奖获得者日本著作家大江健三郎说："我现在写作随笔的最根本的动机，也是为了拯救日本、亚洲乃至世界的明天。而用最优美的文体和深刻思考写出这样的随笔，世界文学中永远不可能被忘却的巨匠是鲁迅先生。在我有生之年，我希望向鲁迅先生靠近，哪怕只能挨近一点点。这是我文学和人生的最大愿望。"

鲁迅作品不谈风花雪月，不能用来消闲。如果是为了提高认识能力，提升语文水平而阅读，鲁迅作品无疑是最佳选择。

鲁迅距今已经很久了，为什么今天仍然要提倡读鲁迅作品？看看钱理群先生的回答：

前不久我和一位年轻朋友谈起每一个民族都有自己的一些大师级的思想家、文学家，他们的思想与文学具有一种原创性，后人可以不断地向其反归、回省，不断地得到新的启示，激发出新的思考与创造。这是一个民族精神的源泉，应该渗透到民族每一个生命个体的心灵深处，这对民族精神建设是至关重要的。我立刻想到了鲁迅。在我看来，鲁迅正是这样的一位具有原创性的现代思想家和文学家。他的思考的最大特点是，始终立足于中国的土地，从中国的现实问题出发；而对问题的开掘，又能够探测到历史和人性的深处与隐蔽处。因此，他的思想与文学就既有极强的现实性，又具有超越性和超前性；而且绝不是某种外来思想或传统思想的搬弄，而是真正的"中国的与现代的"，并且创造了自己独特的话语体系。他对中国的社会结构、中国的历史文化、中国的国民性……的深刻体认与剖析，使他对中国国情的把握，达到了前所未有的深度和高度。鲁迅的思想与文学是"20世纪中国经验"的重要组成部分，是最可宝贵的世纪思想文化遗产。我们今天在现实生活中遇到新的问题，总能够回到他那里，会有意想不到的新的发现，成为新的思考与创造的一个起点。鲁迅当然不会给我们提供解决现实问题的现成答案，他给我们的是思想的启迪；鲁迅当然也有他的局限，我们正是要从他已经达到的，以及他还没有达到的地方出发，去面对我们今天的问题，进行新的思考与创造；鲁迅当然不是唯一的源泉，在我们民族的古代与现代究竟有哪些具有原创性，因而具有源泉意义的思想家、文学家，是需要研究与讨论的。在我看来，要使这样的可以作为民族精神源泉的思想与文学在民族心灵深处扎下根来，就必须从中、小学，大学教育抓起。我们可以设想，每一个中国人在他接受教育阶段，就对包括鲁迅在内的民族大师的思想与文学有一个基本了解，奠定一个深厚的精神底子，以后，他无论学什么专业，从事什么工作，都会受益无穷。（《"于我心有戚戚焉"——读王景山先生〈鲁迅五书心读〉》）

如果不是搞专门研究，"全集"中的"日记""书信""年表"之类不必去读。如果选读，三本小说集、前四本杂文集当为首选。也可以阅读钱理群先生编辑的《中学生鲁迅读本》。（黄耀新）

《呐喊》

鲁迅先生的第一部小说集，收录1918年至1922年所作的短篇小说。曾为高考必读十二本名著之一。

一直以来，薄薄的一本《呐喊》（七万多字）就有多篇作品入选我们的语文教材。1999 年 6 月，《呐喊》被《亚洲周刊》评选为 20 世纪中文小说一百强之首。

并非只有中国大陆认可《呐喊》。1985 年，日本出版了五十卷本《世界最高杰作》，中国仅有两部书被收入。一本是《论语》，另一本就是《呐喊》。《论语》是中华民族两千多年主流文化的经典；它影响着东亚东南亚而形成儒家文化圈；它 17 世纪传入欧洲，开始影响世界至今。这是多大分量的一本书啊！和它并列的《呐喊》，到 1985 年仅仅面世六十二年，《呐喊》得有多优秀才能得到如此的评价！

并非只有华人认可《呐喊》。鲁迅是世界级的伟大的文学家、思想家和革命家。虽然他的成就远远不止小说，小说集也不止一部，但他影响最深广的还是《呐喊》这部小说集。

文学是鲁迅表达思想或者说批判的武器。花前月下、小桥流水的雅致和鲁迅是无缘的。我们读鲁迅的作品，如果搞不懂他的思想，看不清他想要指引的方向，那么他的文字自然是很难读懂的。如果鲁迅的文章能轻易地被人读懂，也就不会有那么多人研究鲁迅了。

相对于鲁迅其他的文字，《呐喊》是比较好懂的，也是鲁迅作品中比较有趣的，是鲁迅先生文学成就最高的作品。鲁迅的文字，是一种力量。它会给我们的阅读增加高度，能提升我们对这个世界的认识。鲁迅是被诠释最多的一个作家，如果在阅读中遇到难处，资料是最容易找到的。

阅读《呐喊》，会让我们增强社会责任感，会让我们学会深入思考；尤其批判性思维，会让我们深刻起来。并且，鲁迅是语言大师，阅读《呐喊》，对我们学习写作有极大帮助。

《呐喊》中的《狂人日记》《孔乙己》《药》《故乡》《阿Q正传》《一件小事》《社戏》等是流传广泛、脍炙人口的名篇。还有一篇文章特别重要，就是《呐喊·自序》，这篇序文是理解《呐喊》，甚至是理解鲁迅的一把钥匙。（黄耀新）

《彷徨》

鲁迅先生的第二部小说集，共收了《祝福》《在酒楼上》《伤逝》等十一篇小说。作品表达了作者彻底的不妥协的反对封建主义的精神，是中国革命思想的镜子。作品主要包括农民和知识分子两类题材。前者以《祝福》和《示众》为代表；后者以《在酒楼上》和《孤独者》为代表。整部小说集贯穿着对生活在封建势力重压下的农民及知识分子"哀其不幸，怒其不争"的关怀。该小说集在深广的历史图景中、对人物命运的叙述中渗透了强烈的感情。（梁娟）

《故事新编》

鲁迅先生的第三部小说集，收录了作者1922年至1935年间创作的小说八篇及序言一篇。主要以神话及中国历史为题材，"只取一点因由，随意点染"，"将古代和现代错综交融"，想象丰富，颇具颠覆性。除《故事新编》外，本书还收录了鲁迅先生的散文诗集《野草》，更完整、更集中、更丰富地反映了鲁迅先生一生著作的思想艺术全貌。（邵红梅）

《两地书》

本书是鲁迅与许广平在 1925 年 3 月至 1929 年 6 月间的书信合集，共收信一百三十五封（其中鲁迅信六十七封半），由鲁迅编辑修改而成，分为三集，1933 年 4 月由上海青光书局出版。作者生前共印行四版次。《两地书》第一部分说的是女师大的事，没有一点情啊爱啊的；第二部分是厦门与广州间的通信，生活琐事居多，关爱之情已溢于言表；第三部分是北京上海间的通信，也是生活琐事居多，关心之情溢于言表。"十年携手共艰危，以沫相濡亦可哀。"其实不只是鲁迅与许广平在上海十年生活的写照，也是他们共同生活几十年的生活、爱情的写照。（邵红梅）

《朝花夕拾》

原名《旧事重提》，是现代文学家鲁迅的散文集，收录鲁迅于 1926 年创作的十篇回忆性散文，1928 年由北京未名社出版，现编入《鲁迅全集》第 2 卷。此文集作为"回忆的记事"，多侧面地反映了作者鲁迅青少年时期的生活，形象地反映了他的性格和志趣的形成经过。文集以记事为主，饱含着浓烈的抒情气息，往往又夹以议论，做到了抒情、叙事和议论融为一体，优美和谐，朴实感人。作品富有诗情画意，又不时穿插着幽默和讽喻；形象生动，格调明朗，有强烈的感染力。（邵红梅）

《野草》

鲁迅创作的一部散文诗集，现编入《鲁迅全集》第2卷。

诗集真实地记述了作者在新文化统一战线分化以后，继续战斗，却又感到孤独、寂寞，在彷徨中探索前进的思想感情。诗集内容形式多样，想象丰富，构思奇特，语言形象，富有抒情性和音乐性，成功地运用了象征手法，具有强烈的艺术感染力；诗集以独语式的抒情散文形式、诗性的想象与升华，深化了中国散文诗的艺术和思想意境。主要描写了北洋军阀政府统治下的社会状态，以及对革命力量的热烈呼唤，对劳动人民的深切同情，对国民劣根性不留情面的批评，和对自我严格的解剖等；其中也涵盖着生与死、爱与恨、梦与醒、友与仇、过去与未来、光明与黑暗、爱者与不爱者、沉默与开口、希望与绝望、爱抚与复仇、眷念与决绝等一系列对立统一、激烈斗争又在斗争中融合的概念和形象。（张艳茹）

《鲁迅作品十五讲》

钱理群编写。鲁迅是大师级的思想家和文学家，他的作品不断地给予人新的启示，激发出新的思考与创造。本书是对鲁迅作品的一个"导读"。书中每一讲都会对鲁迅的某篇或某几篇作品做详细的文本分析，同时引发开去，谈鲁迅思想与文学某一方面的问题，并连带一批作品；而每一讲后面，都开列"阅读篇目"，便于读者自学。（黄耀新）

《人间鲁迅》

林贤治（1948—　）著。鲁迅说："我总记得我活在人间。""人间鲁迅"，即鲁迅的"人间性"或"大地性"。正由于他始终坚实地站在中国大地上，洞见一切，看透了所有把戏，深知民众的苦痛和希冀，所以，鲁迅才为了改变旧世界而呐喊，而反抗，才称自己的写作是"转辗而生活于风沙中的瘢痕"。

在这部精彩的传记中，作者生动刻画、真实呈现出鲁迅鲜活的思想、血肉丰盈的个性、特立独行的人格和桀骜不驯的风骨。（张艳茹）

有关《论语》《红楼梦》的书

中国人，不能不读《论语》

——《论语》推介

2019 年，习近平主席出访欧洲三国，法国总统马克龙向习主席赠送 1688 年法国出版的首部《论语导读》法文版原著。1688，这个年代有些久远，看来中西文化交流历史悠久。而《论语》如此之早地被西方引进，恰恰反映出很早以前，中西方就一致认为这本书承载着华夏文明的精髓。西方人借《论语》了解中国文化，中国当代的青少年们，你们又对祖上的文明知道多少呢？千万不能成为数典忘祖之辈，惹人耻笑，这部《论语》，我们是一定要读的！

很多人都因为《论语》的语言而对其望而却步，不就是一个文言文吗？这个语言的障碍问题不大。首先，我们能找到很多解读《论语》的书，杨伯峻老先生给注解的就比较详细，如果再参照一下钱穆先生的注释，两相结合，疏通句意不成问题！其次，《论语》中的文言字句和我们高中语文教材相通，"学而时习之，不亦说乎？""说"通"悦"；"孝弟也者其为仁之本与？""弟"通"悌"；"贤贤易色"的"贤贤"二字一动词一名词，是词类活用；"不患人之不己知"，正常语序是"不患人之不知己"，是倒装句式，我们完全可以借助教材所学文言知识理解《论语》，借此还是一个课内迁移课外，活学活用呢。再者，南怀瑾先生的《论语别裁》，多从感悟层面解读论语，读来也很有趣，也是助解《论语》的一种好方式。

冲破了文言文的迷障，你就能进入儒家文化的精妙世界，其中的文化收益远远超过你的文言收益。你将会看到有着高大人格的儒家圣贤孔子，他积极入世的精神，渗入华夏子民血脉，于我们的生命很有启迪意义。孔子生活在社会、政治大动乱的年代，他周游各地，"推销"学说，竭尽全力改革世界。虽困于陈蔡累累如丧家犬，然"君子固穷"，他仍然要做他认为应该做的事，"君子之仕也，行其义也。道之不行，已知之矣"（《论语·微子》）。世风不古，礼崩乐坏，艰难前行，成效微茫，孔子于天命岂有不知？然"知其不可而为之"（《论语·宪问》），这积极进取、顽强乐观的精神在华夏文明丰碑上镌刻着大写的"人"字，这是中国人世世代代狂傲进取的精神之源。因为有了心中的方向，孔子的内心世界一直很快乐，"其为人也，发愤忘食，乐以忘忧，不知老之将至云尔"。"子之燕居，申申如也，夭夭如也。""君子坦荡荡，小人常戚戚。"（《论语·述而》）阅读《论语》，你不仅能走近至圣先师，你还能了解安身立命、为人处世、经世治国许许多多各个方面的道理，你就能明白赵普所言"半部论语治天下"不为虚词。

这几年，我随着一届届学生，把《论语》一书反复翻看，渐渐地也能略知传统文化一二。我发现，《论语》对提升一个人的智商、情商都有作用。比如，有人考虑事情特别短浅，孔子就教导："放于利而行，多怨。"依据个人利益而行动，会招致很多怨恨的。所以，不能仅仅顾着个人的利益，要想受益得福，还要周全考虑大家利益，才能自己受益、长久受益。再有孔子教导："君子之于天下也，无适也，无莫也，义之与比。"儒者是智者，从不固执拘泥一端，从具体问题出发，寻找具体对策，聪明灵活又机智。

天天读《论语》，天天得智慧，《论语》对于中国人而言，是文化血脉的传承，是生存哲学的启示，中国人，怎么能不读《论语》呢？

《论语》版本很多，推荐杨伯峻先生《论语译注》。（韩丽）

《人味孔子》

李木生（1952—　）著。作者从人性的角度，以翔实的考证为基本，用才情丰沛的笔墨，更近距离地感受孔子，还孔子以血肉之躯，其尝试具有开拓性的意义，实为当代有关孔子传记中的一部奇书。此书字里行间充盈着鲜活的文气，并插有百余幅珍藏的图片，将孔子的精神与生平事迹演化成最接近真相的读本。（梁娟）

《孔子归来》

著名作家鲍鹏山（1963—　）著。天不生仲尼，万古如长夜。他在我们的文化上是如此重要，沁入我们民族的血脉。可是，圣人亦是凡人，本书还原了一个真实、有趣、温暖、可亲的孔子。我们看到了一个理想主义者的跋涉，我们看到的，不只是圣人的智慧和强大，还有圣人的脆弱和无奈——无论是面对他人的不幸还是自己的命运，无论是面对历史还是现实，圣人，有时也是脆弱的。他也会被伤害，因为他并非披甲戴盔，他和我们一样以血肉之躯面对世间刀剑。但正因为他并非披甲戴盔，我们才能拥抱他，感受他的体

温和心跳。（王永娟）

不读《红楼梦》，你好意思吗？

——《红楼梦》推介

先给大家讲一个真实的故事。

1926 年章锡琛在上海创办了开明书店。聚集了一帮大牌文人，经常在星期六晚上举行"开明酒会"。有一次，章锡琛对郑振铎说，茅盾可以背诵整部《红楼梦》。郑振铎不信，章锡琛就和他赌一场酒。请钱君匋做证。到了酒会时，参加的十人中只有茅盾还不知情。酒过三巡，章锡琛说："是不是来个助酒兴的节目？我想到一个，请雁冰背一段《红楼梦》，如何？"众人齐声附和。当时茅盾也兴致很高，欣然应命："你们想听哪一回？"章锡琛说："请振铎指定如何？"于是郑振铎从书架上取出早已备好的《红楼梦》，随便指定了一回请茅盾背诵，同时紧盯着书上的文字。背了好长一段了，章锡琛对郑振铎说："你服了吧？"郑振铎心悦诚服地说："我认输，今天这席酒由我请客。"这时茅盾才知道让自己背诵《红楼梦》是因为二人打赌。若干年后，章锡琛还赠郑振铎打油诗一首再忆此事：

三岛归来近脱曼，西装革履帽遮颜。

《红楼》赌酒全输却，疴疾在身立久难。

像茅盾这样痴迷《红楼梦》的大有人在。好多文人雅士对《红楼梦》爱到疯魔的程度。

《红楼梦》为什么有如此的魅力呢？

有人说，只要留一本《红楼梦》，中国文化就不会失传。此言大概不虚。著名作家王蒙说：

> 其实《红楼梦》就是中国文化，谈《红楼梦》就是谈中国文化，《红楼梦》就是中国文化的一个代表，是中国文化的一个窗口。

清代学者王希廉说：

> 一部书中，翰墨则诗词歌赋，制世尺牍，爱书戏曲，以及对联匾额，酒令灯迷，说书笑话，无不精善；技世则琴棋书画，医卜星相，及匠作构造，栽种花果，营养禽鱼，针黹烹调，巨细无遗；人则方正阴邪，贞淫顽善，节烈豪侠，刚强懦弱，及前代女将，外洋诗女，仙佛鬼怪，尼僧女道，娼妓优伶，黠奴豪仆，盗贼邪魔，醉汉无赖，色色具有；事迹则繁华筵宴，奢纵宣淫，操守贪廉，宫闱仪制，庆吊盛衰，判狱靖寇，以及诵经设坛，贸易钻营，事事皆全；甚至寿终夭折，吞金服毒，暴病身亡，药误，以及自刎被杀，投河跳井，悬梁受逼，撞阶脱精等等，亦件件皆有。可谓包罗万象，囊括无遗，可谓才大如海，岂是别部小说所能望其项背。

《红楼梦》囊括了中国传统儒家、佛家和道家三种文化，包罗了中国封建社会的物质文化、制度文化、精神文化这三个基本层面。《红楼梦》是对整个中国古代文化的回顾、总结、浓缩和艺术的再现，是中国封建社会生活文化的集大成者。《红楼梦》是读不尽的，正如鲁迅先生所说的："单是命意，就因读者的眼光而有种种，经学家看见《易》，道学家看见淫，才子看见缠绵，革命家看见排满，流言家看见宫闱秘事……"《红楼梦》所含的文化信息丰富极了。

《红楼梦》不仅在思想内容上包罗万象，在艺术创作上也登峰造极。下面我们窥豹一斑，看看我们所熟知的"林黛玉进贾府"的几处细节描写。

第一，黛玉进荣国府，"却不进正门，只进了西边角门。那轿夫抬进去，将转弯时，便歇下退出去了。后面的婆子们已都下了轿，赶上前来。另换了三四个衣帽周全十七八岁的小厮上来，复抬起轿子。众婆子步下围随至一垂花门前落下。众小厮退出，众婆子上来打起轿帘，扶黛玉下轿。林黛玉扶着婆子的手，进了垂花门"。

走"西边角门"；"走了一射之地"后轿夫退出，换成小厮抬轿，婆子下轿步行；"至一垂花门前"小厮亦退出，黛玉由众婆子扶着下轿步行。正门不是谁都可以走的，贵至黛玉，也没有资格；内府不是谁都可以进的，轿夫、小厮依次退出。所进之门，所用之人，和下文贾母吃饭那段一样，体现了侯门繁复的礼仪、森严的等级。"小厮"是童男，是"干净的"又"衣帽周全"，所以要用小厮换掉轿夫。婆子是成年女仆，训练有素，有经验，懂礼数，由她们陪侍黛玉。黛玉下轿要"扶"，不是黛玉体弱需要扶，是礼仪。"林黛玉扶着婆子的手"，这个"扶"字更要注意。如果用"拉"，变成了大人领着孩子，主仆关系就显示不出来了。用"扶"，婆子的手像拐棍一样，是辅助的，主从关系就明显了。黛玉的"扶"，显然也不是体弱的需要，更不是显示与婆子的亲密，而是礼仪，是"贵族范儿"。

第二，"黛玉方进入房时，只见两个人搀着一位鬓发如银的老母迎上来"，"三个奶嬷嬷并五六个丫鬟，簇拥着三个姊妹来了"，"只见一群媳妇丫鬟围拥着一个人从后房门进来"。

贾母是"两个人搀着"，三姊妹三个人是八九个人"簇拥着"，而王熙凤一人却由"一群媳妇丫鬟围拥着"。贾母由"两个人搀着"既是礼仪也有年龄辈分身体的原因；三姊妹是礼仪；王熙凤的身份低于贾母同于三姊妹，但她却是"一群媳妇丫鬟围拥着"，这就不仅仅是礼仪了，她有权势，依附巴结捧场的人就多，她显然也喜欢这种前呼后拥、众星捧月的感觉，三处一对比，王熙凤的地位、性格充分显露出来了。

"簇拥"与"围拥"也值得玩味。这两个词与"蜂拥"不同，都是一群又有中心，但"围"字让人觉得中心更明显。如果去想象那个画面，"簇拥"是三姊妹走在中间，其余众人走在前后左右，但都向前，"簇拥"是礼节性的；而"围拥"是王熙凤走在中间，其余众人走在前后左右，但脸、目光并不都向前，是"围"向王熙凤的。一字之差，场面不同，人物性格心理尽显。

第三，王熙凤初见黛玉夸赞道："天下真有这样标致的人物，我今儿才算见了！况且这通身的气派，竟不像老祖宗的外孙女儿，竟是个嫡亲的孙女。"

为什么要说"竟是个嫡亲的孙女"？因为身边还有迎春姐仨，这么夸赞，黛玉舒服，老祖宗开心，迎春姐仨听着也不会酸溜溜的，总之大家都高兴，可见王熙凤八面玲珑。

为什么单说"通身的气派"像"嫡亲的孙女"？这"气派"二字大有讲究。作为贵族最讲究的就是与身份地位相称的气质、派头。俗话说"三辈才能培养出一个贵族"。贵族的穿戴等外在的东西很好解决。而贵族气质是高雅的气质，是由内在的精气神形成的，是不易具有的，需要几代的累积，难能所以可贵。贵族的派头，用时髦的话说，就是"贵族范儿"，也要世代累积才行。暴发户也可以让自己有"贵族范儿"，但是有意为之，就矫情做作，反倒难看了。贵族的气质、派头，是贵族的内在的标志，是贵族阶层最讲究的。孟子鄙视梁襄王，就骂梁襄王"望之不似人君"，说的就是梁襄王没有君王的气派。所以王熙凤的夸奖用"气派"一词太得体了，反映出王熙凤逢场作戏的能力和虚伪的性格，投合贾母的用心。另外"气派"不像模样那么确定，说"像"谁也挑不出毛病。

第四，贾母问黛玉念何书，黛玉答"只刚念了'四书'"；待到宝玉问"妹妹可曾读书?"黛玉却回答："不曾读，只上了一年学，些须认得几个字。"

黛玉前后的回答为什么不同？原来贾母问过之后，黛玉又回问姊妹们读何书，而贾母回答的是"读的什么书，不过是认得两个字，不是睁眼的瞎子罢了!"黛玉唯恐自己的回答不得体，第一次回答才用了"只刚"，但与贾母的回答还是有距离，第二次便修正了，黛玉的谨慎于此可见。另外，祖孙之所以这样回答，不仅仅是谦虚，更主要的是，封建社会"女子无才便是德"，女孩多读书并不是荣耀，读书对于男孩才是荣耀。

第五，黛玉拜见王夫人来到东廊三间小正房，里面陈设中的"引枕""坐褥""椅袱"都是"半旧"的，为什么？这是因为，全新的是暴发户，全旧的是破落户，"半旧"才恰到好处地表明了贵族的身份。

第六，"宝玉听了，登时发作起痴狂病来，摘下那玉，就狠命摔去"。

摔玉是贾宝玉的一个重要的动作细节。一则照应王夫人所说的"一时有天无日，一时又疯疯傻傻"。二则体现贾宝玉率直的真性情。三则表明贾宝玉是从小就被娇宠惯了，任意而为，无人敢管。四则表现了黛玉的美与宝玉的痴，黛玉的美让宝玉一见倾心，宝玉已经把自己和黛玉看成一体的了，"宝玉"岂能自己独有？五则说明宝玉有叛逆的性格，与生俱来的玉，神秘贵重，是天命的象征，贾母等人视为"命根子"，宝玉的摔玉正表现出他对天命的不屑，对世俗礼教的鄙弃。六则说明宝玉有平等意识，脱俗，"宝玉"让宝玉显得与众不同，显得高于别人，这在一般人是求之不得的，但在宝玉，却"说没趣"，贾母谎称黛玉也有玉，方才劝住了。在宝玉看来，哪怕贵如"宝玉"，也是大家都有份才好。

文中精彩的细节还有好多，同学们自己找找，细细玩味吧。

这样的一部《红楼梦》，如果在国内，你说没读过，你好意思说自己是中学生？若是在国外聊起《红楼梦》，你说自己没读过，你好意思说自己是中国人？（黄耀新）

《曹雪芹传》

著名红学家周汝昌（1918—2012）先生有关红学研究的重要著作之一。该书既反映了曹雪芹祖辈与清朝皇族的各种联系，也表现了曹雪芹凄苦曲折的一生，同时还描述了《红楼梦》成书的过程，生动翔实，故事性强。

《曹雪芹传》对曹雪芹这个人物本身进行系统深入的探讨，从曹雪芹这个"圆心"出发，不断伸出半径，延伸到他的整个家族和他所处的整个时代背景，浓化对曹雪芹思想、人格和艺术追求的渲染。（梁娟）

《红楼小讲》

周汝昌，中国红学家、古典文学研究家，是继胡适等诸先生之后新中国红学研究第一人，考证派主力和集大成者，被誉为当代"红学泰斗"。其红学代表作《红楼梦新证》是红学史上一部具有开创和划时代意义的重要著作，奠定了现当代红学研究的坚实基础。《红楼小讲》全书深入浅出，对《红楼梦》的人物、故事及前呼后应、手挥目送的笔法等多方面内容进行了精当的解说点评，尤其是对《红楼梦》的主旨、精神，再三致意，堪称引领普通读者了解、体悟《红楼梦》真谛的绝佳入门读物。（王永娟）

《王蒙读〈红楼梦〉》

王蒙（1934—   ）在山东教育电视台《名家论坛》做讲座的文字增订本，是王蒙几十年阅读研究《红楼梦》的精华结集，共计二十七讲。他以饱满的诗一样的语言，赞颂大观园里的"青春万岁"，剖析读者为什么会情不自禁将自己代入书中的角色而一同悲欢……王蒙是杰出作家，所以有文学家的激情；王蒙是学者，所以有社会学家的冷静。由此交织布洒出《红楼梦》一直以来可意会而难说清的悲喜共鸣！（邵红梅）

《白先勇细说〈红楼梦〉》

白先勇（1937—   ），著名小说家，名将白崇禧之子。这部书是由白先勇先生在台湾大学讲授三个学期《红楼梦》导读通识课的讲义编撰而成。他以小说家的艺术敏感，解析《红楼梦》的神话构架、人物塑造、象征隐喻等。王国维强调面对《红楼梦》这种绝世巨著，最重要的是领会其伦理与美学的价值。《细说〈红楼〉》这部书除了体大思精地掌握全书真意，更体现出《红楼梦》的伦理与美学内涵。（韩丽）

《蒋勋细说〈红楼梦〉》

作家蒋勋（1947— ）著。本书是蒋勋老师在长达半个世纪的时间里反复阅读《红楼梦》三十多遍后的系列讲座录音集。蒋勋从美的角度，从情感出发梳理《红楼梦》文本中渗透出的细微感觉。蒋勋老师完全超越了考据，满足的不是人们的好奇心，而是与你生命的对接。走进蒋勋老师的《红楼梦》私家讲堂，细细品味，会感觉正在阅读自己的一生。（邵红梅）

有关思想文化类

《道德经》

春秋时期老子（李耳）（约前571—约前471）的哲学作品，又称《老子》，是中国古代先秦诸子分家前的一部著作，主题思想为"道法自然"，是道家哲学思想的重要来源。《道德经》分上下两篇，原文上篇《德经》，下篇《道经》，不分章，后改为《道经》三十七章在前，第三十八章之后为《德经》，并分为八十一章。文本以哲学意义之"道德"为纲宗，论述修身、治国、用兵、养生之道，而多以政治为旨归，乃所谓"内圣外王"之学，文意深奥，包涵广博，被誉为万经之王。是除了《圣经》以外被译成外国文字发布量最多的文化名著。（胡秋君）

《孟子译注》

杨伯峻（1909—1992）著。杨伯峻先生对《孟子》的字音词义、历史知识、地理沿革、名物制度、风俗习惯及生僻字、破读和易生歧义以及晦涩费解的词句做了详细的注解和简要考证，并译为白话文。注释准确，译注平实，是当代最好的《孟子》读本之一。本书作为一部通俗的古典名著读本，不但能帮助一般读者读懂《孟子》一书，还能给研究者提供一些线索和参考。（黄耀新）

《大学中庸译注》

王文锦译注。《大学》《中庸》原是《礼记》中的两篇。朱熹首次将《大学》《中庸》《论语》《孟子》汇集在一起，作《四书章句集注》，对后世产生了深远的影响。是了解儒家经典的必读书。（黄耀新）

《孙子兵法》

春秋时祖籍齐国的吴国将军孙武（约前545—约前470）著。是中国现存最早的兵书，也是世界上最早的军事著作，早于克劳塞维茨《战争论》两千多年，被誉为"兵学圣典"。共十三篇，六千字左右。是中国古代军事文化遗产中的璀璨瑰宝，优秀传统文化的重要组成部分，其内容博大精深，思想精邃富赡，逻辑缜密严谨，是古代军事思想精华的集中体现。李世民说："观诸兵书，无出孙武。"兵法是谋略，谋略不是小花招，而是大战略、大智慧。如今，《孙子兵法》已经走向世界。它也被翻译成多种语言，在世界军事史上也具有重要的地位。（邵红梅　张艳茹）

《庄子浅注》

庄子专家曹础基（1937—　）著。《庄子》是道家的重要著作，对后世影响极大。庄子的文章，想象奇幻，构思巧妙，多彩的思想世界和文学意境，文笔汪洋恣肆，具有浪漫主义的艺术风格，瑰丽诡谲，意出尘外，乃先秦诸子文章的典范之作。庄子之语看似夸言万里，想象漫无边际，然皆有根基，重于史料议理。鲁迅先生说："其文则汪洋辟阖，仪态万方，晚周诸子之作，莫能先也。"被誉为"钳揵九流，括囊百氏"。（黄耀新）

《山海经》

《山海经》是中国志怪古籍，大体是战国中后期到汉代初中期的楚国或巴蜀人所作，也是一部荒诞不经的奇书。古人认为该书是"战国好奇之士取《穆王传》，杂录《庄》《列》《离骚》《周书》《晋乘》以成者"。现代学者也均认为成书并非一时，作者亦非一人。《山海经》全书现存十八篇，其余篇章内容早佚。《山经》五篇、《海外经》四篇、《海内经》五篇、《大荒经》四篇。《山海经》内容主要是民间传说中的地理知识，包括山川、道里、民族、物产、药物、祭祀、巫医等。保存了包括夸父逐日、女娲补天、精卫填海、大禹治水等不少脍炙人口的远古神话传说和寓言故事。《山海经》记载了很多极具神秘感的奇异怪兽，这些异兽让读者一定程度上了解了古时候的生态环境和古人对一些未知事物的理解和想象。这些长相奇特的异兽也为众多美术爱好者、艺术家提供了无尽的遐想。（张艳茹）

《文心雕龙》

中国南朝文学理论家刘勰（约465—约520）创作的一部理论系统、结构严密、论述细致的文学理论专著。全书共十卷、五十篇

（原分上、下部，各二十五篇）。它系统论述了文学的形式和内容、继承和革新的关系，又在探索研究文学创作构思的过程中，强调指出了艺术思维活动的具体形象性这一基本特征，并初步提出了艺术创作中的形象思维问题；对文学的艺术本质及其特征有较自觉的认识，开研究文学形象思维的先河。全面总结了齐梁时代以前的美学成果，细致地探索和论述了语言文学的审美本质及其创造、鉴赏的美学规律。（邵红梅）

《诗品》

《文心雕龙》以后出现的一部品评诗歌的文学批评名著，南朝梁钟嵘（约468—约518）撰。全书将两汉至梁作家一百二十二人，分为上、中、下三品进行评论，故名为《诗品》。在《诗品》中，钟嵘提倡风力，反对玄言；主张音韵自然和谐，反对人为的声病说；主张"直寻"，反对用典，提出了一套比较系统的诗歌品评的标准。（邵红梅）

《人间词话》

近代学术大师王国维（1877—1927）著。是作者接受了西洋美学思想之洗礼后，以崭新的眼光对中国旧文学所作的评论。表面上看，《人间词话》与中国相袭已久之诗话、词话一类作品之体例、格式，并无显著的差别，实际上，它已初具理论体系，在旧日诗词论著中，称得上屈指可数的好作品。甚至在以往词论界里，许多人把它奉为圭臬，把它的论点作为词学、美学的根据，影响深远。《人间词话》是晚清以来最有影响的著作之一。王国维根据其文艺观，把多种多样的艺术境界划分为三种基本形态："上焉者，意与境浑；其次，或以境胜，或以意胜。"王国维比较科学地分析了"景"与"情"的关系和产生的各种现象，在中国文学批评史上第一次提出了"造境"与"写境"、"理想"与"写实"的问题。（张艳茹）

《中国哲学简史》

本书是由冯友兰（1895—1990）先生于1946年至1947年在美国宾夕法尼亚大学受聘担任访问教授，讲授中国哲学史的英文讲稿整理而成的。是西方人了解和学习中国哲学的超级入门书，被译成多种语言，影响很大。全书将整个中国哲学的起源、发展做了一个梳理。从中国哲学的精神、中国哲学的表达方式、中国哲学的背景，到中国哲学的分类，各家的起源、发展、代表人物和代表著作，再到中国哲学与世界哲学的关系，中国哲学受西方哲学的影响，新儒家、新道家的兴起，中国佛学的建立，中国哲学在现代世界的影响等。冯先生的学生涂又光先生将此书译成中文，得到了老师的亲自指导，翻译流畅，语言简洁明了，将复杂的哲学理论用白话文讲得清楚明白。（黄耀新）

《吾国与吾民》

中国现代著名作家、学者林语堂（1895—1976）著。本书以外国读者为对象，用散文笔调介绍和阐述中国古代社会和中国古代文化，知识内涵丰富，文笔生动幽默，奠定了作者中外文坛大师的地位。现今读来，即便是国人，仍具有文化教育与文化启迪的作用。（王永娟）

《美学散步》

现代美学家宗白华（1897—1986）的美学著作。1981 年 6 月首次出版。该书是作者一生主要的美学论集，总共二十二篇。可分为四个部分：第一，美学和文艺一般原理。第二部分，中国美学史和中国艺术论；第三部分，西方美学史和西方艺术的论述；第四部分，诗论。在该书中，作者凭着深厚的中国古典文化和西方文化的良好素养，以比较的眼光，对中国古典美学思想的几个重要范畴加以阐释，渗透着自己的生命体验和审美取向，书中以抒情的笔触、爱美的心灵，引领着读者去体味中国和西方艺术家的心灵。（邵红梅）

《经典常谈》

现代作家、学者朱自清（1898—1948）用十三篇文字要言不烦地介绍了华夏民族文化。数千年文化典籍的精粹，经这本小书提纲挈领，娓娓道来，令人如闻朱先生謦欬，不觉仰首伸眉，困倦顿消。本书是研究中国古代文学、历史、哲学的一本入门书。一部小书，历经数年而成，可见作者一丝不苟、精益求精的态度。《经典常谈》写于 1942 年，七十多年来广为流传，成为普及中国传统文化的启蒙经典。（梁娟）

《坐拥书城意未足》

本书主要收录的是季羡林（1911—2009）先生关于读书、写作和治学的文章。第一辑为"半亩方塘一鉴开"，是他对读书的意见和看法，以及部分书评、读后感；第二辑为"一语天然万古新"，是关于写作的态度、技巧的阐释；第三辑为"宝剑锋从磨砺出"，是对治学态度和学术研究的思考，在这些文章中，我们可以体会到季羡林"如切如磋，如琢如磨"的孜孜以求的治学态度，也就能够明白季羡林先生在学术研究上成就卓越，成为"学界泰斗"的原因。（张艳茹）

《万历十五年》

一部明史研究专著，作者黄仁宇（1918—2000）以深厚的史学素养和远见卓识，用大胆、平实的笔触评说明史，进而评述中国的历史。他在这本史著中赋予了历史真实鲜活的面容，不仅可以使人们清晰地体验到光明与黑暗、进步与倒退的较量，更重要的是给人们以遐想的空间和回味的余地。读过此书的人都说："读《万历十五年》给人现实意义上的启迪远在其史料价值之上。"（王永娟）

《中国人史纲》

作家柏杨（1920—2008）著。北大教授钱理群说，"读柏杨著作常常让我想到鲁迅"，他们在精神追求上有某些相通，都有"硬骨头精神"。这本书站在启蒙主义的立场上，坚持对中国国民弱点的批判，坚持对中国传统文化弱点的批判。作者在九年零二十六天的监狱岁月里"埋头整理中国历史"，以近八十万字的篇幅，讲述和评论了从盘古开天地的神话时代到 20 世纪第一年八国联军入侵北京的整部中国历史。此书是了解中国通史的首选书籍。（韩丽）

《唐宋词十七讲》

中国古典文学研究专家叶嘉莹（1924—　）著。叶嘉莹生于北京书香世家，毕业于辅仁大学国文系。曾任美国、加拿大等大学的教授。叶嘉莹专攻古典文学方向，学养深醇，对诗词评赏精辟，言辞清隽，含英咀华，既能深探词人之用心，又能兼顾纵横之联系。《唐宋词十七讲》为唐宋词系列讲座之讲演记录。由于长期从事诗词创作，更参以东西方文论之比较研究，故论词能博览今古，融贯中西，独造精微，自成体系。所讲唐宋名篇，有不少真知灼见，足以启迪读者，浚发妙悟灵思。（王永娟）

《美的历程》

哲学家李泽厚（1930—　）的文艺理论著作，1981 年首次出版。该书主要内容共分十个部分：一、龙飞凤舞；二、青铜饕餮；三、先秦理性精神；四、楚汉浪漫主义；五、魏晋风度；六、佛陀世容；七、盛唐之音；八、韵外之致；九、宋元山水意境；十、明清文艺思潮。该书是一本广义的中国美学史纲要。作者以深邃独具的目光、雄浑凝练的笔触，囊括了历史悠久的中国美学的整个历史。从龙飞凤舞的远古图腾，一直讲到明清工艺，宏观地描述了中华民族审美意识发生、形成和流变的历程，指出这也是以实践理性为特征的民族审美意识的积淀过程。该书为中国美学史"勾画了一个整体轮廓"。（邵红梅）

《先秦诸子百家争鸣》

因在央视《百家讲坛》主讲《易中天品三国》而红极一时的易中天（1947—　），亦主讲了《先秦诸子百家争鸣》，并整理成书。先秦诸子的思想，是中华民族传统思想文化的源头，是了解先秦以来历朝历代思想文化，学习历朝历代诗歌散文等各类作品的基础。

先秦，是中华民族在思想文化方面最辉煌的世界性的黄金时代。德国哲学家雅思贝尔斯提出著名的"轴心时代"理论。公元前6世纪到1世纪，是人类文化的轴心时期。此时人类文明取得重大突破，全人类形成了自己的精神轴心。印度出现了释迦牟尼，中国出现了孔子，希腊出现了苏格拉底，在犹太人世界出现了耶稣。

先秦诸子百家争鸣，是一场历时三百多年的跨世纪大辩论，儒墨争雄，儒道争锋，儒法争用，可谓纵横捭阖，机锋迭起，智慧纷呈，展现出无穷的魅力。这场大辩论留下了宝贵的思想文化遗产，留下了建设家园的美好理想，应对变革的思想资源，凝聚民心的价值体系，指导人生的智慧结晶，让我们受益至今。而对于先秦诸子百家思想的梳理，没有比这本书更清楚的。易先生不掉书袋，语言通俗幽默逻辑性强，特别适合中学生阅读。（黄耀新）

《易中天品三国》

央视《百家讲坛》之《易中天品三国》是一个曾经非常"火"的节目，易中天用通俗的语言，讲述三国历史，评论曹操、刘备、孙权、周瑜、诸葛亮等风云人物，资料丰富，逻辑严谨。这本书就是在这期节目的基础上改写而成，是国内品评三国的优秀作品。（韩丽）

《蒋勋说文学之美》

蒋勋研究中国古代文学的学术作品，包括《蒋勋说唐诗》《蒋勋说宋词》《蒋勋说文学：从〈诗经〉到陶渊明》《蒋勋说文学：从唐代散文到现代文学》《美，看不见的竞争力》。《蒋勋说唐诗》中，蒋勋用十个章节来讲述他心中最精彩的一百首唐诗，他心中最好的唐朝诗人，从魏晋到晚唐，从文学到美学，从张若虚到李商隐，充满诗意，充满禅机，娓娓道来，好看，好读，好美。《蒋勋说宋词》全书按照五代、北宋、南宋词的脉络，分别讲述了李煜、冯延巳、范仲淹、晏殊、晏几道、欧阳修、苏轼、柳永、李清照、周邦彦、辛弃疾与姜夔。通俗流畅，可读性强。（王永娟）

《我们的经典》

北大中文系教授李零（1948—　　）著。我们的经典，是现代人眼中最能代表中国古典智慧的四部书。《论语》是儒家的代表，《老子》是道家的代表。讲人文，这两本最有代表性。《孙子》讲行为哲学，《周易》经传讲自然哲学。讲技术，这两本最有代表性。这四本书年代早，篇幅小，比其他古书更能代表中国文化，也更容易融入世界文化。李零的作品重考证，独立思考，语言易懂。（黄耀新）

《我们的中国》

北大中文系教授李零著。中国是一个怎样的中国？作者历经多年遍访中国上古以来重要的城址、战场、祭祀遗迹等，在旅行日记和考察记的基础上，写作《我们的中国》。书中从禹贡九州，讲到周秦的两次大一统；从寻访孔子和秦始皇、汉武帝的足迹，到中国的山水形胜、岳镇海渎；还论述了 20 世纪中国革命的地理问题。经由此书，中国自上古以来的人文和精神世界，有了一个大地上的维度。（黄耀新）

《心通庄子》

作者孔正毅，安徽大学新闻传播学院教授，编辑出版系主任，硕士生导师，中国新闻史学会会员，中国编辑学会会员。《心通庄子》是"心通圣贤"五本书（老子、庄子、孔子、孟子、墨子）之一，是"传记读库系列丛书"的一部分。它是我国优秀传统文化尤其是先秦诸子、百家思想解读的典范，是传统经典现代化、通俗化、大众化的一个尝试。走近圣贤，了解圣贤，全书从当前的新视角选取圣贤独特的人生片段、智慧语录，以问答的形式再现圣贤之言、之行、之思、之心，增强大众对传统文化的感受力。（张艳茹）

《寂寞圣哲》

著名作家鲍鹏山（1963— ）著。与大哲人、大智者零距离接触。风格独特，语言优美。本书贴近学生阅读实际，注重知识性与趣味性，富含文化性与思想性。本书着眼于文化品位，整体上是思考人与社会的关系，思考作为个体的人与作为社会的人应如何更好地获取幸福与尊严。（邵红梅）

《梦的解析》

奥地利心理学家弗洛伊德（1856—1939）创作的心理学理论著作，又译作《解梦》。最初发表于1900年，被誉为精神分析第一名著。该书开创了弗洛伊德的"梦的解析"理论，被作者本人描述为"理解潜意识心理过程"的捷径。它通过对梦境的科学探索和解释，打破了几千年来人类对梦的无知、迷信和秘感，同时揭示了左右人们思想和行为的潜意识。推荐方厚升的译本。（梁娟）

《乌合之众：大众心理研究》

法国社会心理学家古斯塔夫·勒庞（1841—1931）创作的社会心理学著作，是一本研究大众心理学的著作。细致描述了群体心理的一般特征，分析了人们在群聚状态下的心理、道德、行为特征，解释了为何群体往往呈现出"盲目""冲动""狂热""轻信"的特点，而统治者又是如何利用群体的这些特点建立和巩固自身统治的。推荐戴光年的译本。（王永娟）

《菊与刀》

鲁思·本尼迪克特（1887—1948）著，美国著名文化人类学家。"二战"末期，作者受美国政府委托，从文化的角度对日本人的思维习惯和行为模式进行研究，完成了这部阐述日本民族文化的著作。事实证明，书中观点极大地影响了战后的美国对日政策，并且也都取得了预期的效果。半个世纪过去了，此书因其巨大的影响和经典的

学术价值，成为人们了解日本的必读书目。推荐叶宁的译本。（韩丽）

《莎士比亚：时代的灵魂》

英国著名文学、批评家弗兰克·克蒙德（1919—2010）著，作者对莎翁三十六部戏剧及其创作背景进行了一次清晰简练而富于才智的概括，力求展现莎士比亚所处的大时代，用社会学家的眼光探究大师是怎样炼成的，读完可拓展读者的眼界，以全新角度解读莎士比亚。开篇以一幅大的画卷来展示英国都铎王朝的宗教和朝代大事件，从当时的伦敦社会和早期的资本主义、法庭、人口爆炸、流行病以及艺术与剧场延伸到对莎士比亚本人以及他的戏剧人生上，从新的历史角度深入分析了莎士比亚的一生，可读性强。《星期日泰晤士报》《观察家报》《BBC 历史杂志》《每日电讯报》《爱尔兰时报》等权威媒体一致推荐！（梁娟）

《时间简史》

英国物理学家霍金（1942—2018）创作的科普著作，首次出版于 1988 年。全书共十二章，讲述了关于宇宙本性的最前沿知识，包括我们的宇宙图像、空间和时间、膨胀的宇宙、不确定性原理、黑洞、宇宙的起源和命运等内容，深入浅出地介绍了遥远星系、黑洞、粒子、反物质等知识，并对宇宙的起源、空间和时间以及相对论等古老命题进行了阐述。在该书里，霍金探究了已有宇宙理论中存在的未解决的冲突，并指出了把量子力学、热动力学和广义相对论统一起来存在的问题，该书的定位是让那些对宇宙学有兴趣的普通读者了解他的理论和其中的数学原理。该书自 1988 年首版以来，已被翻译成 40 种文字，累计销售量突破 2500 万册，成为一本畅销全世

界的科学著作。（邵红梅）

《信息简史》

美国詹姆斯·格雷克（1954—   ）编著。该书用四百多页篇幅，对"信息"的前世今生给出了总体大写意、局部工笔的简明描绘。这是为信息第一次写历史，是一部媲美《时间简史》和《万物简史》的著作。该书对于任何想了解信息时代是如何发展而来，它又将走向何处的读者，都将是一次极富启示的阅读体验。（王永娟）

简史三部曲

全球畅销书。以色列全球瞩目的新锐历史学家尤瓦尔·赫拉利（1976—   ）的作品。从讲述人类在几十万年间自猿类走到今天的《人类简史》，到审视千百年后人类终极命运的《未来简史》，再到直面 21 世纪人类所面临的重大现实性议题的《今日简史》。从核危机到贸易战博弈，从看起来支离破碎的"全球化地图"到天下分分合合的态势，从"后真相"时代的信息爆炸到进化带来的"生物学偏见"，这位新锐历史学家畅谈了他对人类命运问题的各种思考，展现了深邃的观察力。作者宏大、独特的视野和丰富的想象力令人叹服。推荐林俊宏的译本。（黄耀新）

《苏菲的世界》

挪威作家乔斯坦·贾德（1952—   ）著。作者担任高中哲学教师多年，以《苏菲的世界》一书，奠定全球知名畅销作家的地位。

这本书以小说的形式，通过一名哲学导师向一个叫苏菲的女孩传授哲学知识的经过，揭示了西方哲学发展的历程。由前苏格拉底时代到萨特，以及亚里士多德、笛卡儿、黑格尔等人的思想都通过作者生动的笔触跃然纸上，并配以当时的历史背景加以解释，引人入胜。评论家认为，对于那些从未读过哲学课程的人而言，此书是最为合适的入门书，而对于那些以往读过一些哲学而已忘得一干二净的人士，也可起到温故知新的作用。（邵红梅）

《羊皮卷》

该书被誉为"全球成功人士的启示录""超越自我极限的奇书"。犹如一炷明烛，照亮你的人生之路。《羊皮卷》所辑录的十一本书的作者都是近二百年来美国各个行业中的成功人士，他们根据自己的经历，循循善诱地向世人告知成功的秘密以及由之所带来的幸福生活的意义。世界每天都在发生着变化，但是，做人处世的原则却是亘古不变的。心灵的纯净会带来纯净的生活和纯净的身体。同样，肮脏的心灵会带来肮脏的生活和腐化的身体。（张艳茹）

小 说 类

《世说新语》

南朝时期所作的文言志人小说集，由南朝宋临川王刘义庆（403—444）组织一批文人编写，又名《世说》。其内容主要是记载东汉后期到晋宋间一些名士的言行与逸事。梁代刘峻作注。全书原八卷，刘峻注本分为十卷，今传本皆作三卷，分为德行、言语、政事、文学、方正、雅量等三十六门，全书共一千多则。《世说新语》是中国魏晋南北朝时期"笔记小说"的代表作，是我国最早的一部文言志人小说集。（张艳茹）

《水浒传》

一般认为作者是施耐庵（约1296—约1370）。是中国历史上第一部用白话文写成的长篇小说，开创了白话章回小说的先河，是汉语文学中最具备史诗特征的作品之一。

《水浒传》是在宋、元以来有关水浒的故事、话本、戏曲的基础上，由作者加工整理、创作而成的。全书以宋江领导的农民起义为主要题材，艺术地再现了中国古代人民反抗压迫、英勇斗争的悲壮画卷。作品充分暴露了封建统治阶级的腐朽和残暴，揭露了当时尖锐对立的社会矛盾和"官逼民反"的残酷现实，成功地塑造了鲁智深、李逵、武松、林冲、阮小七等一批英雄人物。小说故事情节曲折，语言生动，人物性格鲜明，具有高度的艺术成就。

金圣叹说："别一部书，看过一遍即休，独有《水浒传》，只是百看不厌，无非为他把一百零八个人性格都写出来。《水浒传》写一百零八个人的性格，真是一百零八样。若别一部书，任他写一千个人，也只是一样，便只写得两个人，也只是一样。"

这部长篇英雄传奇，脍炙人口，流传极广，影响极大。许多人一读再读，百看不厌。如果说《三国演义》是社会上层的纵横捭阖。《水浒传》则是社会下层的江湖义气。（黄耀新）

《三国演义》

元末明初小说家罗贯中（约1330—约1400）著。曾为高考必读十二本名著之一。

每个人心中都有一个英雄梦。《三国演义》便给了大家一个英雄梦。一群英豪，不乏经天纬地之才，生逢乱世，都想成就一番霸业，风云际会，群雄逐鹿。三国的灵魂在于，它不仅写了一个英雄时代，给了大家一个英雄梦，还写了这个英雄时代的毁灭，生生把这个英雄梦捣碎了。可英雄，你真的读懂了吗？

阅读此书要注意：

演义与正史的最大区别就是，演义不是全部真实的，演义是小说。《三国演义》中的人物，并不完全是真实人物，而是正史经过加工后的人物，这其中就有被神化的人物和被丑化的人物。被神化的人物的典型代表就是诸葛亮和关羽了。诸葛亮被神化的地方是"未卜先知"，关羽被神化的地方则是"忠""义"。至于丑化，基本是相对神化而言的。比如周瑜，历史上是英雄早逝，《三国演义》却把他描述成了一个嫉贤妒能的人。丑化大部分都是为神化作映衬的。

《三国演义》的一大成功便是成功地塑造了许多个性鲜明的人物，比如：足智多谋的诸葛亮、义胆忠肝的关羽、粗中有细的张飞、忠厚老实的刘备、勇谋兼备的赵云、狡诈多疑的曹操、忌贤妒能的周瑜、恃才狂傲的祢衡等等。而作者正是用对细节的刻画，来体现人物鲜明的特点。

《三国演义》中表现的一个政治思想观就是倡导典型的儒家思想——王道与仁政。《三国演义》中的一大部分虚构故事情节都是为了表现这种思想。正是如此，作者才大胆地在作品中塑造了一系列"忠""义"的艺术形象。

《三国演义》的另一大成功便是引入了大量的诗词歌赋，虽然数量比《红楼梦》中要少，但是其中不乏精品之作。一部分诗词是为了表达情感而引入的，另一部分则是出现在人物的吟唱中或笔下。

总之，《三国演义》除了给人以阅读的愉悦与历史的启迪以外，它更是给有志王天下者听的英雄史诗。正因为如此，《三国演义》在雄浑悲壮的格调中弥漫与渗透着的是一种深沉的历史感悟和富有力度的反思。（梁娟）

《西游记》

明代小说家吴承恩（约1500—1583）著。

唐僧玄奘于唐太宗贞观元年只身到天竺学习佛法，行程几万里，历尽艰难险阻。十九后年回到了长安，带回佛经六百五十七部。后来，唐僧取经的故事便开始在民间广为流传。吴承恩也正是在民间传说和话本、戏曲的基础上，经过艰苦的再创造，完成了这部令中华民族为之骄傲的伟大文学巨著。

《西游记》向人们展示了一个绚丽多彩的神魔世界，人们无不在作者丰富而大胆的艺术想象面前惊叹不已。它不仅有较深刻的思想内容，艺术上也取得了很高的成就。它以丰富奇特的艺术想象、生动曲折的故事情节、栩栩如生的人物形象、幽默诙谐的语言，构筑了一座独具特色的艺术宫殿。尤其是成功地创造了孙悟空、猪八戒这两个不朽的艺术形象，以其鲜明的个性特征，在中国文学史上树起了一座不朽的艺术丰碑。

《西游记》是一部伟大的隐喻作品，可以见仁见智。笔者的理解是：

比较起来，八戒的特点是放纵欲望，贪吃贪睡贪财贪色，追求肉体的现世的享受，追求物质利益，本质上是利己主义者。唐僧的特点则是克制欲望，而且克制住了因身份而要求克制的一切欲望，追求来世的"正果"，追求普度众生，执着于责任，在现世这个层面上，是个利他主义者。沙僧的特点是平凡而且安于平凡。悟空的特点是不平凡而且绝不安于平凡，他像八戒一样，追求现世的享受，但不同的是，他不追求肉体的、物质的享受，而是追求人格的独立、精神的自由。所以，悟空活得潇洒，沙僧活得踏实，唐僧活得辛苦，八戒活得实惠。八戒和沙僧只是各有侧重，都是人的现实的化身。孙悟空则是超现实的，是人的幻想的化身。人，尤其儿童，都想挣脱时间、空间乃至权威的束缚，实现随心所欲的超越——长生不老，上天入地，大闹天宫……而唐僧，则是人的理想的化身，他坚定，执着，一贯，善良，博爱，利他。一切都"不要紧"，"只要主义真"，以求得真经，普度众生为己任，百折不挠，以四人中最弱的体质体现了四人中最强的精神。沙僧八戒是你我他，孙悟空只能存在于文学作品中，唐僧则是孔子、鲁迅那样的在民族历史上几百年才出一个的"民族的脊梁"。（黄耀新）

"三言二拍"

"三言"，是明代冯梦龙（1574—1646）纂辑的三个短篇小说集《喻世明言》《警世通言》《醒世恒言》的合称，是明代通俗小说的代表作。"二拍"，是明代凌濛初（1580—1644）的拟话本小说集《初刻拍案惊奇》和《二刻拍案惊奇》的合称。与"三言"合称"三言二拍"。作者根据野史笔记、闻言小说和当时的社会传闻创作的，主题反映了市民生活中追求财富和享乐的社会风气，同时反映了资本主义萌芽时期人们渴望爱情和平等的自由主义思想。"二拍"的有些作品反映了市民生活和他们的思想意识。（胡秋君）

《儒林外史》

清代吴敬梓（1701—1754）著。以写实主义描绘各类人士对于"功名富贵"的不同表现，一方面真实地揭示人性被腐蚀的过程和原因，从而对当时吏治的腐败、科举的弊端、礼教的虚伪等进行了深刻的批判和嘲讽；一方面热情地歌颂了少数人物以坚持自我的方式所做的对于人性的守护，从而寄寓了作者的理想。它是一面封建社会的照妖镜，是一部具有进步的民主思想的名著。它采用高超的讽刺手法，代表着中国古代讽刺小说的高峰。

有人认为《儒林外史》足堪跻身于世界文学杰作之林，可与薄伽丘、塞万提斯、巴尔扎克或狄更斯等人的作品相提并论。（黄耀新）

《镜花缘》

清代文人李汝珍（1763—1830）创作的长篇小说。小说前半部分描写了唐敖、多九公等人乘船在海外游历的故事。后半部写了武则天科举选才女，由百花仙子托生的唐小山及其他各花仙子托生的一百位才女考中，并在朝中有所作为的故事。其神幻诙谐的创作手法数经据典，奇妙地勾画出一幅绚丽斑斓的天轮彩图。《镜花缘》继承了《山海经》中的《海外西经》《大荒西经》的一些材料，经过作者的再创造，凭借他丰富的想象、幽默的笔调，运用夸张、隐喻、反衬等手法，创造出了结构独特、思想新颖的长篇小说。

胡适：李汝珍所见的是几千年来忽略了的妇女问题。他是中国最早提出这个妇女问题的人，他的《镜花缘》是一部讨论妇女问题的小说。他对这个问题的答案是，男女应该受平等的待遇、平等的教育、平等的选举制度。（胡秋君）

《京华烟云》

现代作家林语堂旅居巴黎时用英文写就的长篇小说，讲述了北平曾、姚、牛三大家族从1901年义和团运动到抗日战争三十多年间的悲欢离合和恩怨情仇，并在其中安插了袁世凯篡国、张勋复辟、直奉大战、军阀割据、五四运动、三一八惨案、"语丝派"与"现代评论派"笔战、青年"左倾"、"二战"爆发，全景式展现了现代中国社会风云变幻的历史风貌。

1975年，林语堂凭借《京华烟云》荣获诺贝尔文学奖提名。（胡秋君）

《子夜》

现代著名作家茅盾（1896—1981）著。这本书以民族工业资本家吴荪蒲和买办金融资本家赵伯韬之间的矛盾和斗争为线索，围绕这条线索，反映了1931年左右中国的社会环境。以惊人的艺术力量表现了20世纪30年代初期中国社会的各阶级的矛盾与斗争，提出并回答当年最重要的社会问题，它是我国无产阶级文学运动中出现的第一部成功的长篇小说，具有划时代的意义。（黄耀新）

《四世同堂》

人民艺术家老舍（1899—1966）创作的长篇小说。曾为高考必读十二本名著之一。

老舍的这部以北平沦陷区为背景的小说，历时四年完成，有历史，有文化，有生活，细致真切地再现了一段抗日战争时期北京人的苦难岁月。

这部书的主角是祁家——四世同堂的一家人，过着北京人爱过的自自由由、客客气气、舒舒服服的日子，可现在，北京城的和气被破坏了。父亲受不了日本人的羞辱，投河自尽了。孙辈三人，老三抗日，老二亲善日本最终被日本人结果了。最揪人心的是老大祁瑞宣，这个有学问、有人格的中国人，为了承担家庭的那份责任，吞咽了太多委屈。而他再委屈，也没有失去正义的尺度，尽己所能地为抗日做贡献。

这里有没皮没脸只讲利益只图享受的人。浑水之中，总有嚼着荤脏作营养的败类，那就是在困境中充分显露人格低下的小人，没节操没品德。

这里也有中国的脊梁，哪怕那时他们显得那么弱小。比如钱默吟老先生，典型的中国士大夫文人，但又被逆境逼出了顽强的硬骨头。

这里多数的人是在小羊圈胡同住惯了的小老百姓们，他们眷恋着故土，隐忍偷安地盼着苦难的日子早点结束。就是他们，让我们看到了屈辱地活着的痛苦，让我们知道，这样的苦日子不能再有。昭和糖、共和面，真应了鲁迅所言卑躬屈膝向人讨残羹冷炙的话！那亡国灭种的折磨让中国人生死皆痛苦。留下来的人，被日伪政权下的苦难碾压着生命，随时可能被抓、被杀，人们活在朝不保夕、生无所依的时代。

北平人怎么不反抗呢？忍！中国的小老百姓太能忍，太能当孙子了。可是当祁老太爷都在日本人的折磨下明白了"磕头说好话不见得准有好处，硬着点！"谁还能忍那非人的屈辱呢？而那些早早起来反抗的人，瑞全、高第、钱老人，他们鼓动着生存艰难的北平人划开阴暗的天幕，那些硬气的中国人最终让日本人降下了膏药旗，换上了中国旗！（韩丽）

《骆驼祥子》

现代文学名著。人民艺术家老舍创作的长篇小说，描述了20世纪20年代军阀混战时期人力车夫的悲惨命运。祥子是旧社会劳苦大众的代表人物。从祥子力图通过个人奋斗摆脱悲惨生活命运，最后失败以至于堕落的故事，无情地批判了那个"把人变成鬼"的社会。小说结构谨严，心理描写丰富、多变、细腻。语言具有鲜明突出的"京味儿"，大量应用北京口语、方言，还有一些老北京的风土人情

的描写，读来亲切自然、朗朗上口，是现代白话文小说的经典作品。（黄耀新）

《边城》

沈从文（1902—1988）的代表作。曾为高考必读十二本名著之一。

《边城》以 20 世纪 30 年代川湘交界的边城小镇茶峒为背景，以兼具抒情诗和小品文的优美笔触，描绘了湘西地区特有的风土人情；借船家少女翠翠的纯爱故事，展现出了人性的善良美好。《边城》寄托着沈从文先生对于"美"和"爱"的美学理念，也是一部关于人性的优秀小说，在中国近代文学史上具有独特的地位。

复旦大学中文系教授潘旭澜曾说："《边城》的诗意首先来自浓郁的湘西乡土气息。作家通过翠翠和傩送、天保之间的爱情故事。将茶峒的自然景物和生活风习错综有致地展现在读者面前。那清澈见底的河流，那凭水依山的小城，那河街上的吊脚楼，那攀引缆索的渡船，那关系茶峒'风水'的白塔，那深翠逼人的竹篁中鸟雀的交递鸣叫……这些富有地方色彩的景物，都自然而又清丽，优美而不加浓涂艳抹。"

《边城》无疑是沈从文最美的作品，快快走近它吧。（邵红梅）

激流三部曲

中国现代文学名著。现代著名作家巴金（1904—2005）的代表作，包括《家》《春》《秋》三部。内容是通过一个大家庭的没落和分化来写封建宗法制度的崩溃和革命潮流在青年一代中的激荡。是巴金呼吁自由、民主、尊重人格、人性解放的最鲜明的一面旗帜，是 20 世纪 20 年代初中国社会变动的一份珍贵的艺术记录。在中国现代文学史上占据着重要的地位并起着巨大的作用。其中《家》的艺术成就最高。（黄耀新）

《暴风骤雨》

现代作家周立波（1908—1979）所创作的一部长篇小说。描写以萧祥为队长的土改工作队开进松花江畔的元茂屯，发动和组织广大贫苦农民开展对恶霸地主韩老六的斗争。处决了韩老六后，韩老六的弟弟带领土匪武装进屯，进行反攻倒算，企图扼杀新生政权。在共产党员赵玉林和青年农民郭全海的先后领导下，斗垮了阴险狡猾的地主杜善人。此后郭全海报名参军，踏上了解放全中国的新征程。本书以磅礴的革命气势、鲜明的阶级爱憎以及丰满的人物形象，再现了新民主主义革命时期中国农村暴风骤雨般的阶级斗争。这部小说具有鲜明的民族特色，结构严谨，人物惟妙惟肖，语言富有地方色彩。（梁娟）

《林海雪原》

军旅作家曲波（1923—2002）根据自己的亲身经历创作的长篇小说。作者曾担任中国人民解放军的团指挥员，指挥过解放军的一个小分队在东北牡丹江地区的林海雪原的剿匪战斗。这部小说反映了作家的这段生活经历，即描写一支由三十六位侦察兵组成的解放军小分队，在东北长白山林区和绥芬草原追剿国民党残余势力和土匪的故事，在叙事上充满了浪漫主义的想象力和传奇性。书中以奇袭奶头山、智取威虎山、大战四方台等剿匪战斗为主要线索，穿插各种出人意料、趣味横生的小故事，产生了曲里有曲、险中有险的阅读效果。所以，它一出版就受到广大读者，特别是青少年读者的欢迎和喜爱，成为当时雅俗共赏、老少咸宜的流行读物。根据这部小说改编的京剧、电影《智取威虎山》家喻户晓，人人皆知。（黄耀新）

《围城》

《围城》是中国现代著名作家、文学研究家钱锺书（1910—1998）所著的长篇小说，是中国现代文学史上一部风格独特的讽刺小说，被誉为"新儒林外史"。故事主要写抗战初期知识分子的群相。书评家夏志清先生认为小说《围城》是"中国近代文学中最有趣、最用心经营的小说，可能是最伟大的一部"。《围城》里面的精言妙语是这部小说的最成功之处，也是最值得赏析的地方。因此，读《围城》不能像读一般小说那样只注重情节而忽视语言。（王永娟）

《生死场》

中国现代女作家萧红（1911—1942）创作的中篇小说。在《生死场》故事中，作者描述了一些女人在男权世界里卑微而无助的生活和死亡。从文本的实际构成来看，事件的发生与演进则大半是在家庭的"平台"上——全书共分十七章节，去掉极短的过渡性的两节，十五章节中有十一章节描写的是家庭中的故事。该作品的总体结构看似散漫，实则别有匠心在。贯穿全书的是三个家庭的变迁。

开篇与收尾写二里半与麻面婆的家庭，"套"在结构笫二层的是王婆与赵三的家庭，"套"在里面一层的则是金枝家庭的故事。全篇首尾呼应，一层套着一层，在三个家庭的空间里演绎着生与死的故事。"生死场"的"场"，既可以说就是那块灾难深重的黑土地，又是那块土地上一个个痛苦的家庭。同名话剧《生死场》于1999年在北京上演；2004年在北京二度上演。（邵红梅）

《呼兰河传》

茅盾作序，中国现代诗性小说的扛鼎之作。著名女作家萧红创作的一部自传体小说，"文学洛神"生前最后一部"回忆式"长篇小说。本书是由1940年写于香港，1941年由桂林河山出版社出版。小说共分七章，前有序后有尾声。作者用舒展自如的巡视式艺术手法，以情感的起伏为脉络，为"生于斯、长于斯的呼兰河畔的乡镇作传，为这个乡镇的风土人情，为各种各样人的生与死、欢乐与悲哀作传"。质朴的文字有着奇异的魅力，呈现20世纪30年代小人物的酸甜苦辣。入选《亚洲周刊》评选的"20世纪中文小说一百强"。（胡秋君）

《城南旧事》

问世六十多年，依旧动人心弦的经典小说。作者林海音（1918—2001），原籍台湾苗栗，生于日本，长于北京。这部带有自传色彩的小说，既是作者童年生活的写照，更是当年北京平民生活的写真，是林海音最具影响的作品，曾被评选为《亚洲周刊》"20世纪中文小说一百强"。小说以成长为线，将五个故事集合在一起，叙

说一个单纯善良、心如水晶的小姑娘的童年经历。阅读此书，你能品到淡淡的安静的文字馨香，能感到绵绵不绝的乡思乡愁。（韩丽）

《红岩》

现代作家罗广斌（1924—1967）、杨益言（1925—2017）创作的一部长篇小说，曾为高考必读十二本名著之一。

两位作者从传说中的"人间地狱""魔窟"——中美合作所，死里逃生。他们亲身经历了敌人的种种野蛮暴行，目睹了共产党人不屈不挠的斗争生活。作为幸存者和最直接的见证人，他们历时十年之久，完成了这部作品。

《红岩》故事情节曲折，人物形象丰满，还具有悬疑和推理色彩。讲述了1948—1949年解放战争时的故事。当时重庆地下党组织和反动派斗争激烈，很多革命者被关押到了中美合作所中，敌人妄想通过他们获取情报，动用了一切非人的残酷手段，却最终发现是徒劳。在共产党人的坚定意志面前，敌人一败涂地。许云峰英勇斗敌，舍己为人；刘思扬出身豪门却投身革命，无论是谁，为了革命都可以做到视死如归……许云峰在渣滓洞被囚禁几个月后又被囚禁到白公馆，独自一人，瘦成了干，但他的眼神是炯炯有神，有着革命者的坚毅，特别是他用双手刨出了一条逃生暗道，却将暗道留给战友，自己英勇就义；刘思扬被捕，豪门之家的解救他不屑一顾，与同志们的朝夕相处使得他更加充满力量……

《红岩》一经面世，立即引起轰动，先后被改编成电影《烈火中永生》和豫剧《江姐》等，从1961年出版至今五十一次再版，发行八百多万册；同时，被译成多国文字发行。该书被中宣部、文化部、团中央命名为百部爱国主义教科书。（胡秋君）

《天龙八部》

若问读者最多的华人作家，恐怕非金庸（1924—2018）莫属，而《天龙八部》，则是金庸的武侠代表作之一。小说通过宋、辽、大理、西夏、吐蕃等王国之间的武林恩怨和民族矛盾，从哲学的高度对人生和社会进行审视和描写，展示了一幅波澜壮阔的生活画卷，其故事之离奇曲折、涉及人物之众多、历史背景之广泛、武侠战役之庞大当属"金书"之最。"天龙八部"出于佛经，有"世间众生"的意思，寓意象征着大千世界的芸芸众生，背后笼罩着佛法的无边与超脱。全书主旨"无人不冤，有情皆孽"，作品风格宏伟悲壮，是一部写尽人性、悲剧色彩浓厚的史诗巨作。"此书对于人在宇宙间生存的荒谬性的展示，达到了存在主义的思想深度，同时又具有佛教的悲悯精神。"

金庸的 14 部武侠小说，部部精彩。情节扣人心弦，人物性格鲜明，语言雅俗共赏。引人入胜，读进去就放不下了。（黄耀新）

《射雕英雄传》

有华人的地方就有金庸的武侠小说，本书是金庸中期武侠小说的代表作，也是金庸拥有读者最多的作品，它的发表确立了金庸"武林至尊"的地位。本书以宁宗庆元五年（1199）至成吉思汗逝世（1227）这段历史为背景，反映了南宋抵抗金国与蒙古两大强敌的斗争，充满爱国的民族主义情愫。作品以丰富的想象、瑰丽的文笔和壮阔的场面，展示了武侠世界的神奇魅力。金庸在广阔的历史背景下，充分运用文字手段，写出"东邪西毒南帝北丐中神通"的传奇故事，以笔掀惊涛的巧妙安排和细腻入微的心理描写，使武侠小说变成一种令人读之不忍释卷、回味再三、击掌叫好的艺术品。（梁娟）

《神雕侠侣》

金庸创作的长篇武侠小说，1959—1961 年连载于香港《明报》，共四十回，是金庸"射雕三部曲"系列的第二部。小说的主脉写的是"叛国贼"杨康之遗孤杨过与其师小龙女之间的爱情故事。杨过从小师从小龙女于古墓之中苦练武功，师徒二人情深义重，却无奈于江湖阴鸷险恶、蒙古铁骑来犯使得有情之人难成眷属。历经一番坎坷与磨难的考验，杨过冲破封建礼教之禁锢，最终与小龙女由师徒变为"侠侣"。同时，在这段磨难经历中，杨过也消除了对郭靖、黄蓉夫妇的误会，在家仇与国难间做出抉择，成为真正的"侠之大者"。金庸在该作品中将武功与性格结合起来写。在武功中写个性，成功地塑造了多种鲜活的人物形象。小说中的主要人物性格鲜明，有血有肉，栩栩如生。（邵红梅）

《倚天屠龙记》

本书是金庸所著的武侠小说，"射雕三部曲"系列第三部。小说以元末群雄纷起、江湖动荡为广阔背景，叙述武当弟子张无忌的江湖生涯，表现众武林豪杰质朴自然、形态各异的精神风貌，展现其不可替代的人格力量。（张艳茹）

《笑傲江湖》

《笑傲江湖》是当代知名武侠小说作家金庸的长篇武侠小说。小说通过叙述华山派大弟子令狐冲的经历，反映了武林各派争霸夺权的历程。折射了中国人独特的政治斗争，同时也表露出对斗争的哀叹，具有一定的政治寓意。其叙事状物，已到炉火纯青、出神入化的境界。不仅靠跌宕起伏、波谲云诡的情节引人入胜，更能于错综复杂的矛盾冲突中刻画人物性格，塑造出数十个个性鲜明、生动感人的文学形象。被改编成多部影视作品。（王永娟）

《巨流河》

齐邦媛（1924—　），生于辽宁铁岭，1947 年到台湾，台湾大学教授。她在年满八十岁时写作这部长篇小说，要"为来自'巨流河'的两代人做个见证"，又称"回应时代暴虐和历史无常最好的办法，就是以文学书写超越政治成败的人与事"。作者的父亲齐世英是个为时代所迫而闹革命的读书人，这影响了作者的一生，而东北终至波及整个中国的近代苦难，整个 20 世纪颠沛流离的民生，都可在此书中窥见一斑。（韩丽）

《南渡记》

当代作家宗璞（1928—　）著。这部小说以抗日战争时期西南联合大学的生活为背景，生动地刻画了中国知识分子的人格操守和情感世界，深刻而细腻地表现了他们对亲人朋友的大善、对祖国民族的大爱、对入侵之敌的大恨、对亡国之祸的大痛。书中还用了很多笔墨写那时的青少年，他们文明聪颖，活泼天真，有教养，有理想。在谈笑嬉戏之间，在敌人的野蛮轰炸面前，他们的对话、神态往往流露出父辈熏染的影响。（韩丽）

《青春万岁》

作者王蒙曾任国家文化部部长，在新中国成立七十周年之际，八十五岁的王蒙获得"人民艺术家"国家荣誉称号。他十九岁创作的长篇小说处女作《青春万岁》2019 年入选"新中国七十年七十部长篇小说典藏"。小说用激情洋溢的笔触描写了 20 世纪 50 年代初期的中学生生活，充满了鲜明的时代色彩和浓郁的青春气息。今天的中学生读这部书时，会在思想观念上与那个时代的中学生有许多不一样之处，这种碰撞很有趣，耐人寻味。（韩丽　邵红梅）

《刘绍棠京味小说选》

刘绍棠（1936—1997），当代作家，中国著名乡土文学作家。北京市通州人。刘绍棠在潞河中学读书时（16 岁读高一时），他创作的短篇小说《青枝绿叶》就被选入中学语文课本。他被称为"神童作家"，是孙犁之后"荷花淀派"的代表人物。刘绍棠的京味小说展示了一幅北京城乡半个世纪以来的历史、景观、民俗的多彩画面。（黄耀新）

《白鹿原》

1997 年荣获中国长篇小说最高荣誉——第四届茅盾文学奖。作者陈忠实（1942—2016），曾任中国作家协会副主席、陕西省作协主席。小说讲述了从清朝末年到20世纪七八十年代长达半个多世纪的历史中,白鹿原两大家族白姓和鹿姓两代子孙的争斗故事,情节跌宕曲折,人物复杂多变。全书浓缩着深沉的民族历史内涵,具有令人震撼的真实感和厚重的史诗风格。(韩丽)

《穆斯林的葬礼》

霍达(1945—)创作的一部长篇小说。一个穆斯林家族,六十年间的兴衰,三代人命运的沉浮,两个发生在不同时代、有着不同内容却又交错扭结的爱情悲剧。两根故事线,一大家子人的悲欢离合,就这样交织重叠地,从作者笔下娓娓流出。是一本写回族故事的好书,写了回族人民的信仰。这本书关乎爱情,关乎亲情还有理想。写出了最纯洁的梦想、最凄美的爱情、最痛楚的命运。人物感情细腻,文笔大气磅礴。是一部极具生命力的茅盾文学奖经典作品。(梁娟)

《狼图腾》

当代文学畅销书。姜戎(1946—)根据自身经历创作了半自传体性质的长篇小说。主要讲述了20世纪六七十年代一位知青在内蒙古草原插队时与草原狼、游牧民族相依相存的故事。是世界上迄今为止唯一一部描绘、研究蒙古草原狼的"旷世奇书",被译为三十种语言,在全球110个国家和地区发行。(黄耀新)

《漕运码头》

王梓夫(1947—),北京通州人。《漕运码头》是中国第一部描写漕运文化的长篇巨制,2007年荣登第二届姚雪垠长篇历史小说奖榜首。小说以时世剧变的道光一朝为背景，对影响封建帝国甚深的漕运历史及流弊进行了详细考察，充分展示了大清王朝由盛向衰之际，从王室到中枢，从官场到民间的种种忧患及挣扎。书中无论忠良烈士或乱臣贼子，无论江湖人物或风尘儿女，皆刻画传神，极具典型。作品文化底蕴深厚，品位高雅，故事悬疑丛生，可读性强，是一部雅俗共赏的佳作。（韩丽）

《北方的河》

当代作家张承志（1948—　）继《黑骏马》之后的又一部成功之作。作品曾获1984年《中篇小说选刊》优秀中篇创作奖。它是一部主观抒情的小说，有人也把它叫作"心态小说"，几乎没有故事，是以主人公"我"的意识流向构成情节的。作品首先向我们展示的是一个浩大的空间——黄土高原，黄河和永定河的汇合处。黄河是"北方的河"的伟大象征和代表，黄河孕育了中华民族和中华文明，"北方的河"是我们民族的、历史的、文化的象征物。十多年前，"我"第一次来到黄河，黄河给了"我"父亲般的尊严和慈爱，得到过它伟大力量的赐予。当"我"再次扑入那被"晚霞烧红了的赤铜水般的黄河"，"我"又一次感受到了黄河父亲的博大和宽广，也暗示着"我"在辽阔的、奔流不息的黄河寻到了"我"的根。（张艳茹）

《平凡的世界》

当代著名作家路遥（1949—1992）创作的一部百万字的小说。曾为高考必读十二本名著之一。

这是一部全景式表现中国当代城乡社会生活的长篇小说。以中国 70 年代中期到 80 年代中期十年间为背景，通过复杂的矛盾纠葛，刻画了当时社会各阶层众多普通人的形象。2018 年《平凡的世界》入选改革开放四十年最具影响力小说。

《平凡的世界》以孙少安和孙少平两兄弟为中心。

孙少平在物质生活上是窘迫的，在精神上是寂寞的，物质上的窘迫是先天的生活给予他的，是他苦苦挣扎始终难以改变的。而精神上的寂寞一部分源于物质，但他却也从未甘于如此。他是如此认真地对待自己的精神世界。物质的东西一时难以改变，那就用书籍、用经历充实自己的精神世界，让自己能更坦然地面对物质的窘困，一步步地构建自己的精神家园。

田晓霞，是孙少平遇到的生命中的一道光芒。这个纯洁、热情的女子舍己救人死了，被滚滚洪水吞没。失去了精神支柱的孙少平从此之后就失去了力量，他选择了把田晓霞作为永远的唯一藏于心底，没有了晓霞，他失去了光泽，成为一个平凡的人。孙少平最终也没有能够脱离所谓的"社会底层"。可是每每想起孙少平这个平凡的人，他身上的自尊自强都令人肃然起敬。

如果说孙少平是在物质的困窘下不断突破精神的枷锁，认识、实现新的自己。那么孙少安显得更"悲惨"了些，作为家中的长子，他好像从来都没有机会和立场去"追求自己"，他隐忍了自身的情感与欲望，一生好像从来都不是为自己而活。其实我们这个时代中的很多人又何尝不是如孙少安一般呢？

书名是平凡的世界，但其实每个人都不平凡，每个个体所隐忍的东西、承受的命运、经受的苦难都各不相同。人生何处不是无奈，而无奈与内疚其实是最无用的情感，一个人认定了生命的无奈就表示他放弃了抗争。很多的事情都不能完美，残缺也是另外一种美，

不放弃尝试，就不会无奈。（胡秋君）

《大秦帝国》

孙皓晖（1949—　）曾任西北大学法律系教授，是获国务院首批特殊津贴的专家，从四十三岁到五十九岁，历时十六年，完成《大秦帝国》六部十一卷五百零四万字的创作。作者想借这部小说告诉读者"大秦帝国是中华文明的正源"，对中国历史进程和民族精神有重大影响。小说描述秦兴盛灭亡的过程，是目前唯一一部全面、正面表现秦帝国时代的长卷历史小说。在2009年3月中国小说学会评选的"2008年度中国小说排行榜"中居长篇小说组第二名。（韩丽）

《长恨歌》

当代作家王安忆（1954—　）著。《长恨歌》的原型是作者无意中看到的一则新闻，写了一个女人长达四十年的感情经历。《长恨歌》具有多重的主题意蕴，首先，是对浮华人生的参悟。"上海小姐"之名，对王琦瑶其实是她人生的一副无形枷锁，凭借"上海小姐"，先是身不由己而又心怀窃喜地与李主任交往，后来与康明逊、"老克腊"等人的恋情莫不因此而开始，但最终却又因"上海小姐"之名而死于非命。一切都躲不掉"锦绣炯尘"的宿命。（胡秋君）

《丰乳肥臀》

当代作家莫言（1955—　）最著名的作品之一。小说热情讴歌了生命最原初的创造者——母亲的伟大、朴素与无私，生命沿袭无与伦比的重要意义。并且在这一幅生命的流程图中，弥漫着历史与战争的硝烟，真实再现了一段时期内的历史。作家把母亲描绘成一位承载苦难的民间女神，她生养的众多女儿构成的庞大家族与20世纪中国的各种社会势力发生了枝枝蔓蔓的联系，并被卷入20世纪中国的政治舞台。而这些形态各异的力量之间的角逐是围绕自己家庭展开的，造成了母亲独自承受苦难的现实。

1997年《丰乳肥臀》夺得中国"大家文学奖"。（胡秋君）

《尘埃落定》

藏族作家阿来（1959— ）创作的长篇小说。入选"新中国七十年七十部长篇小说典藏"。故事讲述的是一个声势显赫的康巴藏族土司，在酒后和汉族太太生了一个傻瓜儿子。这个人人都认定的傻子与现实生活格格不入，却有着超时代的预感和举止，成为土司制度兴衰的见证人。小说故事精彩，曲折动人，以饱含激情的笔墨，超然物外的审视目光，展现了浓郁的民族风情和土司制度的浪漫神秘。阿来以新历史主义的创作态度用现代人的思维科学评判历史，站在局外人的角度，以全知全能的视角进入历史。阅读这部小说，作者会带你进入一个全新的世界，会对"傻"有更深入的理解。（黄耀新）

《活着》

当代作家余华（1960— ）的代表作之一。讲述了在大时代背景下，随着社会的变革，徐福贵的人生和家庭不断经受着苦难，到了最后所有亲人都先后离他而去，仅剩下年老的他和一头老牛相依为命的故事。活着本身很艰难，延续生命就得艰难地活着，正因为异常艰难，活着才具有深刻的含义。余华用类似新写实主义小说的叙事风格——零度介入的方式来展现《活着》的悲剧美。作者可以排除主体对苦难人生做明确的价值判断和情感渗透，好像站在"非人间的立场"，客观冷静地叙述人间的苦难。

余华因这部小说于 2004 年 3 月荣获法兰西文学和艺术骑士勋章。（胡秋君）

《许三观卖血记》

当代作家余华的一部长篇小说。小说讲述了许三观靠着卖血渡过了人生的一个个难关，战胜了命运强加给他的惊涛骇浪，而当他老了，知道自己的血再也没有人要时，精神却崩溃了。它以博大的温情描绘了磨难中的人生，以激烈的故事形式表达了人在面对厄运时求生的欲望。入选中国百位批评家和文学编辑评选的"20 世纪 90 年代最有影响的十部作品"。（王永娟）

《三体》

刘慈欣（1963— ）创作的系列长篇科幻小说，由《三体》《三体Ⅱ·黑暗森林》《三体Ⅲ·死神永生》组成，第一部于 2006 年 5 月起在《科幻世界》杂志上连载，第二部于 2008 年 5 月首次出版，第三部则于 2010 年 11 月出版。作品讲述了地球人类文明和三体文明的信息交流、生死搏杀及两个文明在宇宙中的兴衰历程。其

第一部经过刘宇昆翻译后获得了第 73 届雨果奖最佳长篇小说奖。
（邵红梅）

《槐树花开》

林媛，1982 年出生的 80 后作家，其文风朴实简单，字句略带幽默，温暖动人又有情趣。《槐树花开》是一部纯爱、浪漫、青春、温馨的校园文学，一部比《山楂树之恋》更具有现实意义和责任感的青春小说，既有青涩的恋爱，也有对高中生心理状态、生存环境的描述，以剪影方式真实地呈现了中国当代教育事业的现状。（韩丽）

《源氏物语》

由日本平安时代女作家紫式部（约 973—?）创作的一部长篇小说。《源氏物语》以日本平安王朝全盛时期为背景，描写了主人公源氏的生活经历和爱情故事，全书共五十四回，近百万字。包含四代天皇，历七十余年，所涉人物四百多位，其中印象鲜明的也有二三十人。人物以上层贵族为主，也有中下层贵族、宫女、侍女及平民百姓。反映了平安时代的文化生活和社会背景，在贯彻写实的"真实"美学思想的同时，也创造了日本式浪漫的"物哀"思想。并影响了包括夏目漱石、川端康成、宫崎骏在内的大批日本作家及各个领域的艺术家，并对日本文化造成了深远的影响，成为其不可分割的一部分。推荐林文月和丰子恺的译本。（王永娟）

《鲁滨孙漂流记》

英国作家笛福（1660—1731）创作的长篇历险小说。一直风靡全球。小说描述了鲁滨孙不幸流落荒岛积极求生的故事，成功地塑造了一个冒险、坚忍、智慧、勇气、果敢、富于进取、开拓创新全都集于一身的人物形象。可读性强。推荐徐霞村或黄杲炘的译本。（黄耀新）

《少年维特之烦恼》

德国文豪歌德（1749—1832）最负盛名的作品是《浮士德》，但拥有读者最多的却是《少年维特的烦恼》。这是一部书信体小说，主人公少年维特爱上了一个名叫绿蒂的姑娘，而姑娘已同别人订婚。爱情上的挫折使维特悲恸欲绝。之后，维特又因同封建社会格格不入，感到前途无望而自杀。小说描写了进步青年对当时鄙陋的德国社会的体验和感受，表现了作者对封建道德等级观念的反应以及对个性解放的强烈要求。该书的出版被认为是德国文学史上一件划时代的大事，它曾震撼了德国乃至欧洲整整一代青年的心。推荐杨武能或关惠文的译本。（黄耀新）

《傲慢与偏见》

英国女小说家简·奥斯汀（1775—1817）创作的一部描写爱情与婚姻的经典长篇小说。小说描写了小乡绅班纳特五个待字闺中的千金，主角是二女儿伊丽莎白。她在舞会上认识了达西，但是耳闻他为人傲慢，一直对他心生排斥，经历一番周折，伊丽莎白解除了对达西的偏见，达西也放下傲慢，有情人终成眷属。这部作品以日常生活为素材，一反当时社会上流行的感伤小说的内容和矫揉造作的写作方法，以女性特有的细致入微的观察力和活泼风趣的文字真实地描绘了女性生活的小天地，如"两寸牙雕"一般，从一个小窗口（18世纪末到19世纪初处于保守和闭塞状态下的英国乡镇生活）中窥视到整个社会形态和人情世故。多次被改编成电影和电视剧。推荐孙致礼的译本。（韩丽　王永娟）

《红与黑》

法国作家司汤达（1783—1842）创作的长篇小说，也是其代表作。作品讲述主人公于连是小业主的儿子，凭着聪明才智，在当地市长家当家庭教师时与市长夫人勾搭成奸，事情败露后逃离市长家，进了神学院。经神学院院长举荐，到巴黎给极端保王党中坚人物拉莫尔侯爵当私人秘书，很快得到侯爵的赏识和重用。与此同时，于连又与侯爵的女儿有了私情。最后在教会的策划下，市长夫人被逼写了一封告密信揭发他，使他的飞黄腾达毁于一旦。他在气愤之下，开枪击伤市长夫人，被判处死刑，上了断头台。

小说发表后，当时的社会流传"不读《红与黑》，就无法在政界混"的谚语，而该书则被许多国家列为禁书。《红与黑》在心理深度的挖掘上远远超出了同时代作家所能及的层次。它开创了后世"意识流小说""心理小说"的先河。后来者竞相仿效这种"司汤达文体"，使小说创作"向内转"，发展到重心理刻画、重情绪抒发的现代形态。人们因此称司汤达为"现代小说之父"。推荐闻家驷和郝运的译本。（张艳茹）

《唐璜》

英国作家拜伦（1788—1824）的长篇诗体小说。通过主人公唐璜在西班牙、希腊、土耳其、俄国和英国等不同国家的生活经历展现了19世纪初欧洲的现实生活，讽刺批判了"神圣同盟"和欧洲反动势力。对英国贵族和资产阶级的拜金主义做了淋漓尽致的揭露和讽刺。

作家瓦尔特·司各特说《唐璜》"像莎士比亚一样地包罗万象，他囊括了人生的每个题目，拨动了神圣的琴上的每一根弦，弹出最细小以至最强烈最震动心灵的调子"。诗人歌德说，"《唐璜》是彻底的天才的作品——愤世到了不顾一切的辛辣程度，温柔到了优美感情的最纤细动人的地步"。《唐璜》写完第十六章，拜伦已准备献身于希腊的民族解放运动了。推荐查良铮的译本。（胡秋君）

《欧也妮·葛朗台》

法国作家巴尔扎克（1799—1850）创作的长篇小说。曾为高考必读十二本名著之一。

葛朗台，巴尔扎克笔下法国19世纪索漠区的一个大财主。他本是一个富裕的箍桶匠，娶得一位有钱人家的女儿，又能写会算，有心计，使了些手段就贱买了区里最好的葡萄园、一座修道院和几块分种田。后来又当上了区行政委员，接连获得了三笔遗产，数目之巨大无人知晓。他的财富还在不断地累积中。索漠城里人人相信葛朗台家里有一个堆满黄金的密窟。由于金子的关系，葛朗台受到了全索漠地区的敬重，他的一切行动也全都镀了金，成为地方上的金科玉律。

　　葛朗台的"豪宅"却是这样的：靠着塌毁的城角，有一所灰暗、阴森、寂静的屋子，寒暑的酷烈已经把柱头、门洞、门顶磨出了无数古怪的洞眼，门顶的浮雕已经剥蚀变黑，浮雕的础石横七竖八地长满了野草，大门已经开裂。屋里，古式的座椅，花绸面子上织着的图案除非博学之士休想认出内容，因为已经颜色褪尽，且到处是补丁；酒橱上到处是肮脏的油腻，牌桌上苍蝇肆无忌惮，张牙舞爪；数九严寒，他的虚弱的太太和娇柔的女儿也只能用一只脚炉挡挡寒气；面包食物，甚至一根蜡烛都要葛朗台亲自分发——当然，他家其实有一个全城最廉价又忠诚的女仆。

　　葛朗台对前来投奔的侄子查理趁火打劫，对他那点可怜的积蓄揩油。不顾欧也妮与查理之间的感情，狠心而又不露痕迹地把查理赶去了印度，任其自生自灭，任自己的女儿为此伤心欲绝。

　　老葛朗台得知独生女儿把自己积攒的金子送给了堂弟，扑上去对她大吼，跺脚，发誓，诅咒。甚至对她实行禁闭，只给冷水和面包。他的夫人因此伤心绝望，病情日日加重。老葛朗台明白若夫人去世了，欧也妮将继承她的财产，他才赶忙给夫人延医看病。夫人死后，他要求欧也妮放弃继承权。他就这样，整日地守着他的金子，直到上帝收了他的灵魂。这不愧是守财奴的最高"境界"了吧。

　　多么可怕的丈夫，多么可怕的父亲，多么无情又可怕的人！然而更可怕的是金钱！它可以让丈夫不是丈夫，父亲不是父亲，人不是原来的人！正如作者本人所说，这是一出"没有毒药，没有尖刀，没有流血的平凡悲剧"，虽简单，却有深刻的悲痛。推荐傅雷的译本。（张艳茹）

《高老头》

法国作家巴尔扎克创作的长篇小说，成书于 1834 年。《高老头》着重揭露批判的是资本主义世界中人与人之间赤裸裸的金钱关系。作家描绘了一幅幅巴黎社会物欲横流、极端丑恶的画面，披露了在金钱势力支配下资产阶级的道德沦丧和人与人之间的冷酷无情，揭示了在资产阶级的进攻下贵族阶级的必然灭亡，真实地反映了波旁王朝复辟时期的特征。推荐傅雷的译本。（胡秋君）

《巴黎圣母院》

法国著名浪漫主义文学家雨果（1802—1885）著，曾为高考必读十二本名著之一。

雨果，是一位值得我们中国人纪念的伟大作家。1860 年英法联军火烧圆明园。一个法军上尉回国后，给雨果写信，想听听雨果对这次"军事远征"的见解。雨果在回信中怒斥了英法侵略者野蛮恶劣的文化毁灭暴行。

这部小说有极美和极丑的人物形象。女主人公是一位流浪街头以卖艺为生的吉卜赛女郎爱斯梅拉达，有着惊人的美貌。男主人公却是一个奇丑无比的圣母院的敲钟人，名叫加西莫多。这样的主人公形象在世界文学长廊中都是独一无二的吧。

这部小说情节离奇，极富戏剧性。

正是这样非凡的人物、强烈的对比、离奇的情节，最集中、最典型地反映了雨果作品的鲜明的浪漫主义特色。

雨果说："唯有善于思考的读者才称得上读者，我的著作就是要题赠给善于思考的读者，不管你是谁，如果你边阅读边思索的话，我的作品就题赠给你。"

在阅读精彩的故事的过程中，小说也可以引发你的诸多思考：什么是美？什么是丑？什么是善？什么是恶？作者说这本书是为了叙说"命运"一语而写作的，那么"命运"的真实内涵又是什么？是什么导致了悲剧中一切人物统统牺牲的惨烈结局？

如果你对法国的历史感兴趣，你也可以从小说中直观地了解到15世纪法国国王路易十一统治时期的真实历史，宫廷与教会如何狼狈为奸压迫人民群众，人民群众怎样同两股势力英勇斗争等。雨果创作《巴黎圣母院》，就是要借15世纪的巴黎社会反映当时的现实生活。推荐陈敬容译本。（王永娟）

《悲惨世界》

19世纪法国著名浪漫主义作家雨果的又一部气势恢宏的鸿篇巨著，是世界文学史上现实主义与浪漫主义结合的典范。雨果花费了三十余年来完成这部小说，展现了自1793年法国大革命至1832年巴黎人民起义期间，法国近代社会生活和政治生活，对世间苦难的揭示、对人性深度的挖掘、对历史时代的勾勒，都使这本书以独有的厚重内化出一种强大的力量来抵御时间的风化，直抵每一个读者的内心。推荐李丹、方于的译本。（韩丽）

《基督山伯爵》

法国作家大仲马（1802—1870）创作的长篇小说，被公认为通俗小说的典范。故事发生在拿破仑"百日王朝"时期，以基督山伯爵扬善惩恶、报恩复仇为中心线索，情节离奇却不违反生活真实。

全书出色地运用了"悬念""突发""发现""戏剧"等手法，使其充满了叙述的张力。小说问世后，一直受到广大读者的青睐，流行于世界各国。推荐周克希、韩沪麟的译本。（黄耀新）

《红字》

美国浪漫主义作家霍桑（1804—1864）创作的长篇小说。发表于1850年。讲述了发生在北美殖民时期的恋爱悲剧。女主人公海丝特·白兰嫁给了医生奇灵渥斯，他们之间却没有爱情。在孤独中白兰与牧师丁梅斯代尔相恋并生下女儿珠儿。白兰被当众惩罚，戴上标志"通奸"的红色A字示众。然而白兰坚贞不屈，拒不说出孩子的父亲。小说惯用象征手法，人物、情节和语言都颇具主观想象色彩，在描写中又常把人的心理活动和直觉放在首位。因此，它不仅是美国浪漫主义小说的代表作，同时也被称作美国心理分析小说的开创篇。推荐胡允桓的译本。（王永娟）

《雾都孤儿》

英国作家狄更斯（1812—1870）的长篇写实小说。该作以雾都伦敦为背景，讲述了一个孤儿悲惨的身世及遭遇。主人公奥利弗在孤儿院长大，经历学徒生涯，艰苦逃难，误入贼窝，又被迫与狠毒的凶徒为伍，历经无数辛酸，最后在善良人的帮助下，查明身世并获得了幸福。该书揭露了许多当时的社会问题，如救济院、童工以及帮派吸收青少年参与犯罪等。曾多次改编为电影、电视剧及舞台剧。推荐荣如德和黄雨石的译本。（王永娟）

《匹克威克外传》

英国作家狄更斯创作的长篇小说。是狄更斯最为重要、最具代表性的作品之一，自出版以来，一直受到各国读者的欢迎，无可争议地成为世界文学的经典名作。全书通过匹克威克及其三位朋友外出旅行途中的一系列遭遇，描写了当时英国城乡的社会生活和风土人情。

在艺术上具有戏剧化的传奇冒险情节。故事的发展环环相扣，情节感人，语言通俗，想象丰富。但由于是流浪小说的形式，故事的结构显得有点散漫。贯穿全局的是匹克威克先生与金格尔斗法以及匹克威克先生与巴德尔太太诉讼案这两条主线。但在故事的进行中常常插入与故事本身无甚关系的故事，其中不少故事带有英格兰民间故事与童话的色彩，风格也多不相同，或者浪漫喜气或者哀婉凄绝。读来也颇为动人。推荐刘凯芳的译本。（梁娟）

《双城记》

英国作家狄更斯所著的一部以法国大革命为背景的长篇历史小说，首次出版于 1859 年。故事中将巴黎、伦敦两个大城市连结起来，围绕着曼马内特医生一家和以德发日夫妇为首的圣安东尼区展开故事。小说里描写了贵族如何败坏、如何残害百姓，人民心中积压对贵族的刻骨仇恨，导致了不可避免的法国大革命。《双城记》经过狄更斯精心安排的构架，描写社会气氛紧张的历史背景，成功地将阶级间的痛苦与冲突展现开来。狄更斯巧妙地抓住读者心弦，不断让读者陷入更加令人好奇的情节。其跌宕起伏的过程充满艺术美，

既体现了小说的主题，又具有人性美和人道主义，使得《双城记》成为极其富有浪漫主义色彩的作品。推荐宋兆霖的译本。（王永娟）

《简·爱》

英国女作家夏洛蒂·勃朗特（1816—1855）创作的一部长篇爱情小说，面世150年来，畅销世界，经久不衰。小说以第一人称叙述了一个女子在各种磨难中不断追求自由与尊严，坚持自我，最终获得幸福的故事，构思精巧，情节曲折，引人入胜。大量运用心理描写，运用渲染、噩梦、幻觉、预感来营造地狱的气氛，构筑寓言式的环境。成功塑造了一个敢于反抗、敢于争取自由和平等地位的女性形象。这部小说富有激情和诗意，男女主人公都用诗的话语来表达各自的激情。推荐吴均燮的译本。（黄耀新）

《呼啸山庄》

英国女作家艾米莉·勃朗特（1818—1848）（夏洛蒂·勃朗特的妹妹）创作的长篇爱情小说。被称为英国文学史上"最奇特的小说"、人间情爱的最宏伟史诗。因为从未有人将爱情的痛苦、迷茫和残酷写得如此令人吃惊。全篇充满强烈的反压迫、争幸福的斗争精神，又始终笼罩着离奇、紧张的浪漫气氛。推荐杨苡或方平的译本。（黄耀新）

《白鲸》

美国小说家梅尔维尔（1819—1891）创作的以捕鲸生涯为题材的小说。这是一个长篇小说版的《老人与海》，但作者先于海明威

100 多年写成，而他本人就曾经是一位捕鲸水手，小说的场景描摹非常真实，营造了一种置身海上危险甚至死亡随时可至的氛围，塑造了一个有着鲜明硬汉精神的亚哈船长，在人鲸搏斗的叙述中，引人思考人与自然的关系。推荐成时和曹庸的译本。（韩丽）

《罪与罚》

俄国作家陀思妥耶夫斯基（1821—1881）创作的长篇小说，也是其代表作。

小说描写穷大学生拉斯柯尔尼科夫受无政府主义思想毒害，认为自己是个超人，可以为所欲为。为生计所迫，他杀死放高利贷的老太婆阿廖娜和她无辜的妹妹丽扎韦塔，制造了一起震惊全俄的凶杀案。经历了一场内心痛苦的忏悔后，他最终在基督徒索尼娅姑娘的规劝下，投案自首，被判流放西伯利亚。作品着重刻画主人公犯罪后的心理变化，揭示俄国下层人民的苦难生活。推荐岳麟的译本。（张艳茹）

《包法利夫人》

19 世纪法国著名作家福楼拜（1821—1880）创作的长篇小说。作品讲述的是一个受过贵族化教育的农家女爱玛的故事，她瞧不起当乡镇医生的丈夫包法利，梦想着传奇式的爱情。这里写的是一个无论在生活里还是在文学作品中都很常见的桃色事件，但是作者的笔触感知到的是旁人尚未涉及的敏感区域。中国当代著名作家苏童评说，《包法利夫人》是一部包含人性弱点的百科全书，它几乎不带评判色彩地描述了一个女人在追求爱情和物质享乐时的可爱与可气、

激情与痴狂以及任性与堕落。推荐李健吾的译本。（韩丽　王永娟）

《茶花女》

19 世纪法国作家小仲马（1824—1895）的代表作，长篇小说。故事讲述了一个青年人与巴黎上流社会一位交际花曲折凄婉的爱情故事。女主人公玛格丽特，美丽、聪明又善良，虽然沦落风尘，但依旧保持着一颗纯洁、高尚的心灵，这个烟花女子的形象闪烁着一种圣洁的光辉，而她的悲惨结局揭露了资本主义社会对被侮辱、被残害者的冷酷无情，揭露了法国七月王朝上流社会的糜烂生活。对贵族资产阶级的虚伪道德提出了血泪控诉。批判了资产阶级虚伪的道德观念。推荐王振孙的译本（韩丽　王永娟）

《战争与和平》

俄国作家列夫·托尔斯泰（1828—1910）的代表作之一。自从问世以来，一直被认为是世界上最伟大的小说之一。在整个俄国文学的发展历史中，它是第一部具有全欧洲意义的小说。俄国文学史家米尔斯基曾说："这部作品同等程度地既属于俄国也属于欧洲，这在俄国文学中独一无二。"

故事以 1812 年俄法战争为中心，反映了 1805 年至 1820 年的重大事件，包括奥斯特利茨大战、波罗底诺会战、莫斯科大火、拿破仑溃退等。通过对四大家庭以及安德烈、皮埃尔、娜塔莎在战争与和平环境中的思想和行动的描写，展示了当时俄国社会的风貌。在《战争与和平》中，人物就多达五百五十九个，每一个都是活生生的血肉之躯，各有其独特的个性，且充满了生命的悸动，人的欢乐、痛苦，各种内

心思绪在这幅画里都应有尽有。而书中史诗般的辉煌节奏与宽阔视界，也只有荷马的作品可以相提并论。推荐草婴的译本。（梁娟）

《安娜·卡列尼娜》

俄国作家列夫·托尔斯泰的长篇小说。作品讲述了贵族妇女安娜追求爱情幸福，却在卡列宁的虚伪、渥伦斯基的冷漠和自私面前碰得头破血流，最终落得卧轨自杀、陈尸车站的下场。矛盾的时期、矛盾的制度、矛盾的人物、矛盾的心理，使全书在矛盾的旋涡中颠簸。这部小说是新旧交替时期紧张惶恐的俄国社会的写照。

小说描绘了俄国从莫斯科到外省乡村广阔而丰富多彩的图景，先后描写了一百五十多个人物，是一部社会百科全书式的作品。

《安娜·卡列尼娜》把 19 世纪批判现实主义推向了最高峰，正是通过它，许多人了解到了俄国 19 世纪 70 年代的社会现实。俄国后来的民主主义革命者对社会的攻击便是从这里开始的。俄国革命的领导人列宁曾反复阅读过《安娜·卡列尼娜》，以至把封皮都弄得起皱了。一百多年来各国作家按自己的理解把安娜搬上舞台、银幕、荧光屏。推荐草婴的译本。（王永娟）

凡尔纳三部曲

法国作家凡尔纳（1828—1905）创作的《格兰特船长的儿女》《海底两万里》《神秘岛》三部作品，又被称为"海洋三部曲"。凡尔纳的作品形象夸张地反映了 19 世纪"机器时代"人们征服自然、改造世界的意志和幻想，并成为西方和日本现代科幻小说的先河，我国的科幻小说大多也受到他作品的启发和影响。凡尔纳的作品情

211

节惊险，人物生动，融知识性、趣味性、创造性于一炉，他提出自然科学方面的许多预言和假设，至今还启发着人们的想象力。推荐范希衡、曾觉之、联星的译本。（胡秋君）

《地心游记》

法国作家凡尔纳所著的充满传奇色彩的长篇科幻小说。它的诞生是和当时的历史、社会背景分不开的。

小说讲的是一个坚定果敢，具有献身精神的科学探险家黎登布洛克教授同他的侄儿阿克赛和向导汉恩斯按照前人的指引，在地底经过整整三个月的艰辛跋涉，进行科学探险的故事。在小说中，凡尔纳将自己掌握的知识巧妙地穿插在小说的情节及对人物的刻画上，在向读者描述一个神奇的地下世界的同时，展示了曲折生动、饶有趣味的情节。凡尔纳对科学采取一种乐观主义的态度，歌颂一种忘我的进取精神，他的小说体现一种"战天地而败鬼神"的英雄气概。推荐陈筱卿的译本。（胡秋君）

《斯巴达克思》

意大利作家乔万尼奥里（1838—1915）的代表作，是描写古罗马奴隶起义的长篇小说。

《斯巴达克思》小说描写了斯巴达克思率领奴隶起义并带领起义军在意大利南征北战，与罗马帝国军团顽强作战，历经数年，最后悲壮失败，英勇牺牲的事迹。故事发生的时间距今虽然已过两千一百来年，但那激昂壮烈的场面和铁马金戈的拼杀似乎历历在目，声声在耳。

斯巴达克思不愿做一个任人宰割的奴隶，他向往自由，追求自由，他为自由而战斗，为自由而牺牲。千百年来，正是这样一种不屈不挠的精神推动着人类社会的历史一步步向前发展。斯巴达克思起义虽然不是欧洲历史上最早的奴隶起义，但却是规模最大、震撼力最强的一次奴隶起义，它极大地动摇了罗马人的统治，为后来者树立了榜样，提供了宝贵的经验。推荐李俍民的译本。（张艳茹）

《德伯家的苔丝》

英国作家哈代（1840—1928）的长篇小说，是"威塞克斯系列"中的一部。小说讲述了生于一个贫苦小贩家庭的女主人公苔丝，被少爷亚历克诱奸，与丈夫分居，再次与亚历克相遇，被纠缠再遇丈夫忏悔的故事。苔丝痛苦地杀死了亚历克，最后她被处以绞刑。哈代在小说的副标题中称女主人公为"一个纯洁的女人"，公开地向维多利亚时代虚伪的社会道德挑战。

哈代在书中描绘了新兴的工业化和都市文明给古老、乡土的威塞克斯地区带来的冲击，揭露了禁锢大众思想、强调贞洁、压抑妇女社会地位的虚伪道德。苔丝的悲剧命运反映了当时的时代背景：其一，经济贫困；其二，不公正的法律制度；其三，伪善的宗教；其四，资产阶级的虚伪道德。苔丝的悲剧是当时社会的产物，因此苔丝的悲剧也是社会的悲剧。推荐张谷若译本。（胡秋君）

《羊脂球》

《羊脂球》是法国作家莫泊桑（1850—1893）创作的中篇小说。《羊脂球》是他的成名作，也是他的代表作之一。《羊脂球》以

1870—1871年普法战争为背景，通过代表当时法国社会各阶层的十个人同乘一辆马车逃往一个港口的故事，形象地反映出资产阶级在这场战争中所表现出的卑鄙自私和出卖人民的丑恶嘴脸。推荐柳鸣九的译本。（张艳茹）

《莫泊桑短篇小说选》

莫泊桑是19世纪后半期法国优秀的批判现实主义作家。他一生创作了六部长篇小说和三百五十多篇中短篇小说，文学成就以短篇小说最为突出，与契诃夫、欧·亨利并称为世界三大短篇小说巨匠，被誉为"短篇小说之王"。他的短篇小说以精湛的艺术技巧、行云流水般的文笔和纯粹的语言，在世界文学史上占据着无可替代的地位。1880年《羊脂球》的发表使他一举成名，该篇亦成为世界文学史上的经典之作。作者将处于社会最底层、受人歧视的妓女——"羊脂球"与形形色色、道貌岸然的所谓上层人物做对比，充分显示出前者极富正义感和同情心的美好心灵以及后者极端自私、寡廉鲜耻的丑恶灵魂。本书收集了《羊脂球》等精品之作三十多篇。推荐柳鸣九的译本。（王永娟）

《契诃夫短篇小说精选》

俄国著名作家契诃夫（1860—1904）著。19世纪80年代在俄国历史上是一个反动势力猖獗的时期，社会气氛令人窒息，供小市民消闲的滑稽报刊应运而生。当时契诃夫年纪尚轻，又迫于生计，他常用笔名契洪特为当年风靡一时的幽默刊物撰稿，发表了大量无聊的滑稽小品，《不平的镜子》和《谜样的性格》便是这类故事。但比起专门

供小市民消遣解闷的滑稽报刊的众多撰稿者来，年轻的契诃夫目光较锐利，笑声更健康。推荐汝龙的译本。（邵红梅）

《欧·亨利短篇小说选》

美国作家欧·亨利（1862—1910）的代表作品是《麦琪的礼物》《警察与赞美诗》和《最后一片叶子》。其著名小说还有《黄雀在后》《市政报告》《配供家具的客房》《双料骗子》等。真实准确的细节描写，生动简洁的语言，使一系列栩栩如生的艺术形象展现在读者面前，也使他在世界短篇小说史上占有重要位置。与法国的莫泊桑、俄国的契诃夫并称为"世界三大短篇小说大师"。他的作品构思奇巧，结尾往往出人意料，被称为"欧·亨利式的结尾"。他的文字生动活泼，经常运用俚语、双关语、讹音、谐音和旧典新意。推荐王永年的译本。（王永娟　邵红梅）

《福尔摩斯探案集》

英国作家阿瑟·柯南道尔（1859—1930）创作的小说集，主角名为夏洛克·福尔摩斯（又译作歇洛克·福尔摩斯），共有四部长篇及五十六个短篇。以侦探福尔摩斯与华生的经历为主线，引出了一件件耸人听闻的奇案。

故事背景结合了英国政治、经济，许多人甚至以为真有其人其事。在本小说中，除了那些惊心动魄、耸人听闻的探案，更多的是表现人与人之间的嫉妒、猜疑、仇恨。这些罪行将人性的丑恶展现无遗。此外，福尔摩斯与华生为了正义时而触犯法律，也在一定程度上宣扬了人道主义惩恶扬善的思想，迎合了广大公众的心理。推

荐李家云等的译本。（胡秋君）

《东方快车谋杀案》

英国侦探推理小说家阿加莎·克里斯蒂（1890—1976），与柯南道尔齐名，被英国女王授予"侦探女王"的桂冠。这个英国女人"一生都在谋杀"。她是莎士比亚后最畅销的作家。她的作品曾翻译成超过103种语言，总销量突破20亿本。

她的推理小说作品一开卷就疑云密布，奇事层出，高潮迭起，令读者欲罢不能。她有丰富的历史、地理、医药等方面的知识，把谋杀作为一场智力猜谜游戏，令读者陷入迷宫而不辨东西，在真相大白之后不得不佩服她丝丝入扣的分析，感叹自己思维能力的欠缺。

《尼罗河谋杀案》《无人生还》等也是她的代表作。推荐陈尧光的译本。（黄耀新）

《牛虻》

爱尔兰女作家伏尼契（1864—1960）创作的长篇小说。小说是作者受到当时身边革命者献身精神的激励写成的。它生动地反映了19世纪30年代意大利革命者反对奥地利统治者、争取国家独立统一的斗争。成功地塑造了革命党人牛虻的形象。小说涉及了斗争、信仰、牺牲这些色彩浓重的主题。这部作品浸透着革命的英雄主义。其中描写牛虻为意大利人民忍受苦难和英勇牺牲的部分，可说是这部小说最优秀也最动人的篇幅。牛虻的刚强和无畏，他那钢铁般的坚忍力量，他对敌人的憎恨和轻蔑，以及他那不为任何拷打凌虐所屈的坚贞品质，曾使很多青年受到教育和鼓励。推荐李俍民的译本。（梁娟）

《时间机器》

英国作家乔治·威尔斯（1866—1946）创作的中篇小说。讲述时间旅行者发明了一种机器，能够在时间纬度上任意驰骋于过去和未来。当他乘着机器来到公元802701年时，展现在他面前的是一幅奇异恐怖的景象。人类分化为两个种族：爱洛伊人和莫洛克人。前一种人长得精致美丽，失去了劳动能力。后一种人则面目狰狞，终日劳动，过惯了地下潮湿阴暗的生活。他们养肥了爱洛伊人，到了晚上便四处捕食他们。可憎的莫洛克人偷走了时间旅行者的机器，经历了一番历险之后，时间机器失而复得。其间时间旅行者遇到了爱洛伊人韦娜，她在这个怪诞的世界给了他无私的爱。不幸的是韦娜在大火中死了。时间旅行者继续他的旅行，看到了几千万年之后的巨蟹、咸海、日食等一些复古图景。他终于在生命垂危之际回到了"现在"，将旅行的经历告诉朋友。不久他踏上了第二次时间之旅，从此再也没有回来。推荐沈师光的译本。（邵红梅）

《约翰·克里斯朵夫》

法国作家罗曼·罗兰（1866—1944）于1912年完成的一部长篇小说。该小说描写了主人公奋斗的一生，从儿时音乐才能的觉醒，到青年时代对权贵的蔑视和反抗，再到成年后在事业上的追求和成功，最后达到精神宁静的崇高境界。是一部通过主人公一生经历去反映现实社会一系列矛盾冲突，宣扬人道主义和英雄主义的长篇小说。1915年，罗曼·罗兰凭借《约翰·克利斯朵夫》一书获诺贝尔文学奖。推荐傅雷的译本。（王永娟）

《我是猫》

日本作家夏目漱石（1867—1916）创作的长篇小说，也是其代表作。这部作品以一位穷教师家的猫为主人公，以这只被拟人化的猫的视角来观察人类的心理。夏目漱石为发泄多年郁愤而写成的这部长篇小说，淋漓尽致地反映了20世纪初，日本中小资产阶级的思想和生活，尖锐地揭露和批判了明治"文明开化"的资本主义社会。小说通过猫的视觉观察明治维新后的日本社会，以幽默辛辣的语言，嘲笑和鞭挞了人类固有的弱点和金钱世界的社会时弊，还大量引用了古今东西哲人达士的名言，处处闪烁着机智和文采，嬉笑怒骂皆成文章。作品语言则典俚合炉，雅俗共赏，读来令人在笑声中抑制不住惊叹。推荐刘振瀛的译本。（王永娟）

《月亮与六便士》

英国小说家毛姆（1874—1965）创作的长篇小说。作品以法国印象派画家保罗·高更的生平为素材，描述了一个原本平凡的伦敦证券经纪人思特里克兰德，突然着了艺术的魔，抛妻弃子，绝弃在旁人看来优裕美满的生活，奔赴南太平洋的塔希提岛，用画笔谱写出自己光辉灿烂的生命，把生命的价值全部注入绚烂的画布的故事。贫穷的纠缠、病魔的折磨他毫不在意，只是后悔从来没有光顾过他的意识。作品表现了天才、个性与物质文明以及现代婚姻、家庭生活之间的矛盾，有着广阔的生命视角，用散发着消毒水味道的手术刀对皮囊包裹下的人性进行了犀利的解剖，混合着看客讪笑的幽默和残忍的目光。推荐傅惟慈的译本。（王永娟）

《野性的呼唤》

美国著名作家杰克·伦敦（1876—1916）最负盛名的小说。作品以一只狗的经历表现文明世界的狗在主人的逼迫下回到野蛮，写的是狗，也反映人的世界。热望本已在，蓬勃脱尘埃；沉沉长眠后，野性重归来。杰克·伦敦似乎想让人们通过他的文字看清人类的本来面目，他毫不留情地撕去了社会披在人们身上的层层伪装，引导人们从动物的基点上来思考生命：我们是否在社会中待得太久，忘却了大自然的气息？推荐万紫的译本。（张艳茹）

《德米安：彷徨少年时》

德国作家黑塞（1877—1962）的长篇小说。讲述少年辛克莱寻找通向自身之路的艰辛历程。出生并成长于"光明世界"的辛克莱，偶然发现截然不同的"另一个世界"，那里的纷乱和黑暗，使他焦虑困惑，并陷入谎言带来的灾难之中。这时，一个名叫德米安的少年出现，将他带出沼泽地，从此他开始走向孤独寻找自我的前路。之后的若干年，"德米安"以不同的身份面目出现，在他每一次孤独寻找、艰难抉择的时候，成为他的引路人……一个青年的蜕变自阅读《德米安：彷徨少年时》起，青年德米安将引领你度过自身蜕变的斗争。

黑塞是被阅读最多的德语作家，荣格评价：读黑塞的书，就像在暴风雨的深夜，感受到灯塔的闪耀。推荐丁君君和林倩苇的译本。（胡秋君）

《纳尔齐斯与歌尔德蒙》

德国作家黑塞，1946年获得诺贝尔文学奖。《纳尔齐斯与歌尔德蒙》叙述了代表理性的禁欲主义与代表情人感官享乐主义的一对朋友的经历。故事发生在中世纪的德国，讲述的是关于"成长"的故事——既是两个少年的成长，也是人类心灵的成长。小说表现了两种不同人性的冲突，并在探索理想过程中获得和谐的统一；有评论家称它是"融合了知识和爱情的美丽的浮士德变奏曲"。推荐杨武能的译本。（梁娟）

《变形记》

奥地利作家卡夫卡（1883—1924）创作的中篇小说。主人公格里高尔·萨姆沙在一家公司任旅行推销员，长年奔波在外，辛苦支撑着整个家庭的花销。当萨姆沙还能以微薄的薪金供养他那薄情寡义的家人时，他是家中受到尊敬的长子，父母夸奖他，妹妹爱戴他。有一天他变成了甲虫，丧失了劳动力，对这个家再也没有物质贡献时，家人一反之前对他的尊敬态度，逐渐显现出冷漠、嫌弃、憎恶的面孔。父亲恶狠狠地用苹果打他，母亲吓得晕倒，妹妹厌弃他。渐渐地，萨姆沙远离了社会，最后孤独痛苦地在饥饿中默默地死去。

《变形记》中萨姆沙的遭遇即是在那个物质极其丰裕、人情却淡薄如纱的时代里处于底层的小人物命运的象征。小说以主人公变为甲虫这一荒诞故事反映了世人唯利是图，对金钱顶礼膜拜，对真情人性不屑一顾，最终被社会挤压变形的现实，反映了资本主义制度下真实的社会生活。推荐李文俊的译本。（胡秋君）

《罗生门》

日本新思潮派代表作家芥川龙之介（1892—1927）的短篇小说集。既有浪漫主义特点，又具有现实主义倾向。从不同角度探讨了人性中所谓的善与恶。既具有高度的艺术性，又成为当时社会的缩影。创作这些小说的时候，作者还是个二十出头的年轻人，可惜三十五岁服安眠药自杀。林少华的译本较好。（黄耀新）

《魔戒》

英国作家、牛津大学教授托尔金（1892—1973）创作的长篇奇幻小说。该书是《霍比特人》的续作，被公认为近代奇幻文学的鼻祖。经过十二年的创作和四年的修改，《魔戒》于1954年至1955年出版。全书分为三部：《护戒同盟》《双塔奇兵》《王者归来》。主要讲述了中土世界第三纪元末年魔戒圣战时期，各种族人民为追求自由而联合起来，反抗黑暗魔君索伦的故事。《魔戒》在 Waterstone's 书店和英国电视四台共同举办的票选活动中被评为"20世纪之书"，在亚马逊举办的票选活动中被评为"两千年来最重要的书"。《魔戒》已被翻译成六十多种语言，并衍生出插画、音乐、电影、电视剧、广播剧和电脑游戏等产品。推荐朱学恒的译本。（梁娟）

《老人与海》

美国作家海明威（1899—1961）最负盛名的代表作。曾为高考必读十二本名著之一。

这是一部融信念、意志、勇气、力量和美感于一体的硬汉小说，虽然情节简单，篇幅不长，却相继获得了 1953 年美国普利策奖和 1954 年诺贝尔文学奖，成为世界文学殿堂级的经典名著，甚至创造了人类出版史上空前绝后的一个纪录：四十八小时售出五百三十万册！半个多世纪以来，《老人与海》依然是许多人的床头书，激励了一代又一代读者。

小说叙述了一位叫作圣地亚哥的老渔夫独自出海捕鱼的故事。老人在海上漂泊了八十四天，终于遇到一条比自己的小船还长的大鱼。一番搏斗之后，老人捕获了大鱼，并将大鱼绑在船边。返航途中，一群鲨鱼围了上来，老人用小船中能用的一切当作武器，与群鲨展开生死搏斗。三天三夜不屈不挠的搏斗，老渔夫战胜了大马林鱼，战胜了鲨鱼，战胜了饥饿，战胜了伤痛，战胜了寒冷，战胜了孤独，却在与命运的抗争中败下阵来，最终只能带着一副硕大的鱼骨归来，这正是《老人与海》让人动容的伟大之处。

海明威以极其精练的语言，在小说中塑造了圣地亚哥这样一个孤独、倔强、意志坚定而又伟大的硬汉形象。老人始终保持着不惧失败、永不言败的乐观坚定："一个人并不是生来就要被打败的。人尽可以被毁灭，但却不能被打败。"

大海既是老人的"家"，又是老人的"敌人"，她为圣地亚哥准备了大马林鱼，也为他准备了鲨鱼。老人不仅仅从大海中获得物质基础、生存技巧，还在大海上获得朋友和对手。圣地亚哥的孤独与快乐、斗争与失败都和大海相关联。大海磨炼了圣地亚哥，也成就了圣地亚哥。

小说的语言非常突出地体现了海明威简洁凝练的语言风格：精准的动作描写、洗练含蓄的环境描写、富有韵味的内心独白，都使

整个小说像一幅油画，像一首诗，具有强烈的画面感和音乐感，带给读者身临其境之感。推荐吴劳的译本。（邵红梅）

《永别了，武器》

美国小说家海明威创作的长篇小说，是其早期代表作，讲述美国青年弗瑞德里克·亨利在第一次世界大战后期志愿参加红十字会驾驶救护车，在意大利北部战线抢救伤员的故事。在一次执行任务时，亨利被炮弹击中受伤，在米兰医院养伤期间得到了英国籍护士凯瑟琳的悉心护理，两人陷入了热恋。亨利伤愈后重返前线，随意大利部队撤退时目睹战争的种种残酷景象，毅然脱离部队，和凯瑟琳会合后逃往瑞士。结果凯瑟琳在难产中死去。通过描述二人的爱情，作品揭示了战争荒唐和残酷的本质，反映了战争中人与人之间的相互残杀以及战争对人的精神和情感的毁灭。

《永别了，武器》显示了海明威艺术上的成就。情景交融的环境描写，纯粹用动作和形象表现情绪，电文式的对话，简洁而真切的内心独白托讽于有意无意之间，简约洗练的文体以及经过锤炼的日常用语等，构成了他独特的创作风格。这部书也因此而成为了一部现代世界文学名著。推荐孙致礼的译本。（王永娟）

《雪国》

日本作家川端康成（1899—1972）创作的第一部中篇小说，是他唯美主义的代表之作。其间描绘的虚无之美、洁净之美与悲哀之美达到极致，表现了川端康成的物哀思想。《雪国》也是作者在被授

予诺贝尔文学奖时被评奖委员会提到的三部小说之一。推荐叶渭渠的译本。（王永娟）

《飘》（《乱世佳人》）

美国女作家米切尔（1900—1949）创作的长篇小说。小说以19世纪60年代美国南北战争和战后重建时期为背景，成功地再现了那个时代美国南方地区的社会生活，也生动形象地再现了奴隶制经济终为资本主义经济所取代这一美国南方奴隶社会的衰败历程。作者于1937年获得普利策文学奖。好莱坞根据此书拍成电影《乱世佳人》，米切尔名扬四海。傅东华、黄建人、陈良廷等人的译本都不错。（黄耀新）

《一九八四》

英国左翼作家乔治·奥威尔（1903—1950）于1949年出版的长篇政治小说。在这部作品中奥威尔刻画了一个令人感到窒息的恐怖世界，在假想的未来社会中，独裁者以追逐权力为最终目标，人性被强权彻底扼杀，自由被彻底剥夺，思想受到严酷钳制，人民的生活陷入了极度贫困，下层人民的人生变成了单调乏味的循环。这部小说与英国作家赫胥黎著的《美丽新世界》，以及俄国作家扎米亚京著的《我们》并称反乌托邦的三部代表作。这部小说已经被翻译成六十二种语言，全球销量超过三千万册，是20世纪影响力最大的英语小说之一。2015年该作被评为最具影响力的20本学术书之一。推荐董乐山的译本。（王永娟）

《钢铁是怎样炼成的》

《钢铁是怎样炼成的》是苏联作家奥斯特洛夫斯基（1904—1936）所著的一部长篇小说，于1933年写成。小说通过记叙保尔·柯察金的成长道路告诉人们，一个人只有在革命的艰难困苦中战胜敌人也战胜自己，只有在把自己的追求和祖国、人民的利益联系在一起的时候，才会创造出奇迹，才会成长为钢铁战士。小说真实而深刻地描绘了十月革命前后乌克兰地区的广阔生活画卷，塑造了以保尔·柯察金为代表的一代英雄的光辉形象。推荐梅益的译本。（胡秋君）

《人间失格》

又名《丧失为人的资格》，日本小说家太宰治（1909—1948）创作的一部自传体中篇小说。一直是经典的必读日本小说之一。小说以"我"看到叶藏的三张照片后的感想开头，中间是叶藏的三篇手记，而三篇手记与照片对应，分别介绍了叶藏幼年、青年和壮年时代的经历，描述了叶藏是如何一步一步走向丧失为人资格的道路的。作品中作者巧妙地将自己的人生与思想，隐藏于主角叶藏的人生遭遇中，借由叶藏的独白，窥探太宰治的内心世界——"充满了可耻的一生"。推荐烨伊的译本。（梁娟）

《麦田里的守望者》

美国作家塞林格（1919—2010）创作的唯一一部长篇小说，首次出版于1951年。塞林格将故事的起止局限于十六岁的中学生霍尔顿·考尔菲德从离开学校到纽约游荡的三天时间内，并借鉴了意识流天马行空的写作方法，充分探索了一个十几岁少年的内心世界。主人公的经历和思想在青少年中引起强烈共鸣，受到读者，特别是广大中学生的热烈欢迎。这部小说的艺术魅力在于作者把重心放在对人物心理的深度剖析上，他以细腻而探析的笔法，细致入微地刻画了主人公霍尔顿的矛盾心态。《麦田里的守望者》发表后，大中学学生争相阅读，家长和教师也视小说为"必读教材"。推荐施咸荣的译本。（王永娟）

《与罗摩相会》

科幻三巨头阿瑟·克拉克（1917—2008）的不朽神作，横扫雨果奖、星云奖、轨迹奖、木星奖、英国科幻协会奖、约翰·坎贝尔纪念奖六项科幻至高大奖。入选《轨迹》杂志有史以来伟大科幻小说榜单；入选美国国家公共电台（NPR）有史以来一百大科幻、奇幻小说榜单。刘慈欣评论道："《与罗摩相会》是太空科幻的经典之作，使我走上科幻之路的作品，其带来的震撼至今难忘。"（张艳茹）

基地三部曲

美国作家艾萨克·阿西莫夫（1920—1992）创作的中短篇科幻小说集（《基地》《基地与帝国》《第二基地》）。阿西莫夫是20世纪顶尖的科普巨匠和科幻文学大师。推荐叶李华的译本。（黄耀新）

《第二十二条军规》

美国作家约瑟夫·海勒（1923—1999）创作的长篇小说。该小说以第二次世界大战为背景，通过对驻扎在地中海一个名叫皮亚诺扎岛（此岛为作者所虚构）上的美国空军飞行大队所发生的一系列事件的描写，揭示了一个非理性的、无秩序的、梦魇似的荒诞世界。在该小说中，根据"第二十二条军规"理论，只有疯子才能获准免于飞行，但必须由本人提出申请。但你一旦提出申请，恰好证明你是一个正常人，还是在劫难逃。第二十二条军规还规定，飞行员飞满25架次就能回国。但规定又强调，你必须绝对服从命令，要不就不能回国。因此上级可以不断给飞行员增加飞行次数，而你不得违抗。如此反复，永无休止。小说揭示了美国社会对传统道德的背弃，已经成为一种美国式的"黑色幽默"主题。

小说的英文名字"Catch－22"，已经成为英语中"难以逾越的障碍"或"无法摆脱的困境"的、自相矛盾的、荒谬的、带有欺骗忽悠性质的暗黑规则的代名词。推荐吴冰清的译本。（王永娟）

《百年孤独》

1982年诺贝尔文学奖获奖作品，拉丁美洲魔幻现实主义文学的代表作。哥伦比亚作家马尔克斯（1927—2014）创作的长篇小说。瑞典文学院认为，马尔克斯"创造了一个独特的天地，即围绕着马孔多的世界"，"汇聚了不可思议的奇迹和最纯粹的现实生活"。作品描述了布恩迪亚家族百年七代的兴衰、荣辱、爱恨、福祸，以及文化与人性中根深蒂固的孤独。推荐黄锦炎的译本。（韩丽）

《霍乱时期的爱情》

哥伦比亚作家马尔克斯创作的长篇爱情小说。在五十年的时间跨度中，作者展示了所有爱情的可能性、所有的爱情方式。"穷尽爱情的可能"已成为这本书的标签。小说同时展现了哥伦比亚（拉美）的历史。与《百年孤独》一样，不易读懂。推荐杨玲的译本。（黄耀新）

《牧羊少年奇幻之旅》

巴西作家科埃略（1947— ）著。原名为《炼金术士》，这是一个凝聚着质朴和力量的故事。牧羊少年圣地亚哥做了一个梦：在埃及金字塔附近，埋藏着一笔珠宝，男孩决定追寻他的梦。在寻找宝藏的过程中圣地亚哥遇到了种种神秘事物……在这个充满冒险和奇迹的精神旅行中作者带领读者愉快地前行，他讲述的是整个世界文学领域共同的主题：人类超越自我去追寻近在身边的东西。小说还以朴实的语言讲述了被认为是人类最古老、最神秘的一种技艺——炼金术。推荐孙成敖的译本。（梁娟）

《冰与火之歌》

美国"国宝级"的幻想文学作品，作者是美国著名科幻奇幻小说家马丁（1948— ），2011 年，美国《时代》周刊将马丁评为"全世界最有影响力的一百位人物"之一。全书截至 2014 年共完成出版了五卷，被译为 30 多种文字，这一系列书在互联网书单（Internet Book List）上自 2005 年 8 月至今位列第一。本书是典型的西方史

诗奇幻文学，历史、人物、宗教、神话交织在一起，展示出一个亦幻亦真的世界。（韩丽）

《挪威的森林》

日本作家村上春树（1949—　）于 1987 年所著的一部长篇爱情小说。一本风靡全亚洲百分之百的恋爱小说，曾高居日本文学史上的"超级畅销书"。这当然要被算成是村上春树的代表作。许多人认识这位日本作家就是从这本书开始。全书以回忆为线索，表达了青少年面对青春期的孤独困惑以及面对成长的无奈、无聊。村上通过年轻人在社会压力下无法摆脱的生存痛苦，第一次明明白白地强调了他在书中不断反复强调的主题：生命的悲哀与无力感。它是一部扣人心弦、舒雅感伤的青春恋爱小说，一部畅销世界、感人至深的经典著作。此书的故事情节平平，笔调缓缓，语气淡淡，字里行间却涌动着一股无可抑制的冲击波，激起读者强烈的心灵震颤与共鸣。它向我们诉说了青春的迷惑与无奈、年轻的反叛与率真，还有成长中的哲思与谬思。生与死，死与性，性与爱，坦率与真诚，都在这部经典著作中表现得淋漓尽致。（梁娟）

《IQ84》

日本著名作家村上春树创作的迄今为止个人最长的一部长篇小说。他与她在十岁时相遇，之后各奔东西，三十岁时他们相互寻觅对方——这似乎是一个简单的爱情故事。事实远比此复杂，作者将这个时代所有世态立体地写出，通过对邪教等诸多日本社会问题的思考，表达对世界现状和人类走向的担忧。（韩丽）

《新参者》

日本小说家东野圭吾（1958—　）的一本推理小说。东野圭吾1958年生于大阪，直木奖、推理作家协会奖、江户川乱步奖、本格推理小说大奖等日本重要文学奖项得主，出道二十余年来作品逾六十部。《新参者》虽是由案件开头，但在高手加贺警官调查案件的过程中，借由他高超的观察与推理能力，又揭出了一个个温情的故事：父女争吵、母子误解、婆媳矛盾……加贺追查疑案真相的同时，秉持悲悯之心，疗治案件带来的创伤，给痛苦者鼓励，让受挫者前行……不是真相大白就能给受害者带来救赎，更要给受害者带去前行的希望。（张艳茹）

《一个人的朝圣》

英国女剧作家蕾秋·乔伊斯（1962—　）创作的长篇小说。讲述了一个退休老人为探望病危友人而独自踏上漫长旅程的故事。主人公哈罗德的出发点是为了给予友人希望，最终却实现了自我救赎，激发了对自我价值的再肯定、对成长缺陷的新认知及对现实命运的接受和理解。同时，其妻子在等待及关注哈罗德的过程中，对痛苦的过往逐一进行审视，触发了对爱的全新领悟和对自我的重新认识。（张艳茹）

《追风筝的人》

美籍阿富汗裔作家卡勒德·胡赛尼（1965—　）的第一部小说，也是第一部由阿富汗裔作家创作的英文小说，于2003年出版，连续两年位列《纽约时报》畅销书榜首，在美国销量超过七百万册，全球销量超过两千万册，已经被翻译成四十二种语言。

小说讲述了两个阿富汗少年关于友谊、亲情、背叛、救赎的故事。作品不仅表达了对战争的控诉，还对阿富汗种族问题和宗教问题有深刻的反映。这部小说在评论界获得了广泛好评，但同时也在阿富汗国内引起巨大的争议。（张艳茹）

《灿烂千阳》

美籍阿富汗裔作家卡勒德·胡赛尼创作的长篇小说。胡塞尼将关注焦点放在阿富汗妇女身上，小说讲述了两个阿富汗妇女的不幸故事。个人要忍耐饥饿、病痛的约束。家庭要承受战争的创伤和流离失所。国家要忍耐苏联、塔利班与美国的战争。这是一部阿富汗忍耐的历史。小说情节设计巧妙，象征和意识流的手法运用纯熟，除了一如既往对战争的控诉，还有为妇女争取权利的呐喊。

对于新书取名《灿烂千阳》，胡赛尼解释说，该书的书名源自一首有关喀布尔的诗，"这首诗是 17 世纪阿富汗诗人 Saib – e – Tabrizi 在参观喀布尔之后创作的，其末尾词语'一千个灿烂的太阳'正适合这本小说想要表达的主题。与此同时，这首诗还很适合书中人物即将离开深爱城市时的悲伤气氛"。（胡秋君）

《哈利·波特》

英国女作家罗琳（1965—　）于 1997—2007 年所著的魔幻文学系列小说，共 7 部。其中前六部以霍格沃茨魔法学校为主要舞台，描写的是主人公——年轻的巫师学生哈利·波特在霍格沃茨前后六年的学习生活和冒险故事；第七本描写的是哈利·波特在第二次魔法界大战中在外寻找魂器并消灭伏地魔的故事。

罗琳把现实社会中的种族主义观点、种族灭绝论等偏见加入了情节中，这些偏见正是伏地魔和食死徒的想法。书中的主要角色刻画深刻，次要角色也活灵活现。书中也有很多有关道德方面的内容，随着正义和邪恶的对抗不断激烈和明显化，一些人物面临着重要的选择，人性的阴暗面也被展现出来。（胡秋君）

《所有我们看不见的光》

美国作家安东尼·多尔（1973— ）关于"二战"的小说。

世人分为两类，向平凡生活投降的人，和为它英勇而战的人。不要在你活着的时候死去。

法国少女玛丽洛尔生活在巴黎，幼年失明后，父亲保护她，训练她，鼓励她勇敢生活下去。1940年，德国入侵，她被迫离家，不久又与父亲骨肉分离，以瘦削的肩膀抵抗纳粹暴政。德国少年维尔纳从小失去双亲，与妹妹在矿区孤儿院相依为命。一心想摆脱底层命运的他，凭借无线电天赋跻身纳粹精英学校，本以为是命运的转折，不料却跌入另一个地狱。战争碾碎了他们的希望，两个陌生人的生命轨迹也意外交汇。当平静的生活成为不可企及的黑暗之光，他们是否有勇气，在死之前，活出生机？（邵红梅）

《岛上书店》

位列亚马逊中国 2015 年度畅销图书榜前三名，美国独立书商选书第一名，美国图书馆推荐阅读第一名。作者是美国知名作家泽文（1977— ）。这是一部典型的治愈系小说，一个失去了一切的人，如何重新找到牵挂、书、爱情、宴会和欢笑，以及一切美好生活？主人公费克里也许能告诉你。（韩丽）

《无声告白》

美籍华裔女作家伍绮诗（1980— ）的长篇小说处女作，2014年获得美国亚马逊年度最佳图书第一名。小说从一个生于 20 世纪 70 年代美国混血家庭，被给予无限厚望的年轻女孩莉迪亚的死亡开始，探索了身份危机、人生成就、种族、性别、家庭以及个人道路等问题。故事精彩，扣人心弦。（王永娟）

《沈从文文集》（全 12 卷）

沈从文被誉为 20 世纪中国文学史上屈指可数的文学大师之一，两度被提名为诺贝尔文学奖候选人，他的文字诗意浪漫，语言格调古朴，写尽人性的真善美。本书主要为收录沈从文先生的精选优秀作品，如《边城》《湘西》《从文自传》等，在国内外有重大的影响。作品被译成日本、美国、英国、俄国等四十多个国家的文字出版，并被美国、日本、韩国、英国等十多个国家和地区选进大学课本。（邵红梅）

《白洋淀记事》

　　"荷花淀派"代表作家孙犁（1913—2002）的一部小说散文合集。收录了作者从 1939 年到 1950 年创作的描写抗日战争时期的白洋淀人民英勇抗日、并与当地地主等恶势力进行斗争的短篇小说和散文。本书以一个个日常小故事串联，记录了白洋淀发生的故事，充分表现出了战争年代民众对幸福和安宁的向往。孙犁用无邪的文字勾画出时代的未来，用文学之美来表达普通人的心愿。情节生动，语言清新朴实，富有节奏感，描写逼真，心理刻画细腻，抒情味浓，战争背景下却富有诗情画意。与"荷花淀派"齐名的是"山药蛋派"，"山药蛋派"代表作家是赵树理，其小说也极有特色，值得一读。（黄耀新）

《张爱玲作品集》

　　现代女作家张爱玲（1920—1995），原籍河北丰润，生于上海。童年在北京、天津度过，1929 年迁回上海。张爱玲是近代文坛最富传奇色彩的女作家，以小说《传奇》、散文《流言》享誉文坛，一出道就注定风华绝代成为名噪一时的才女，写尽了旧上海的男女之情。作品成为文学史上的一个"异数"，坐到了文坛金字塔的顶端。文字在她的笔下才真正地有了生命，带给读者们的是莫大的喜悦。张爱玲的作品是可以收藏长读的。（邵红梅）

《史铁生文集》

史铁生（1951—2010），当代著名作家。他的风格深沉凝重，优美隽永，引人深思，思考人生与命运，带来启迪。他的作品中始终贯穿着一条鲜明的主线——对中国历史、中国文化的追溯、思索和反问。他追求一种情理交融的雅致语言，并且"语言在抒情中融着历史理性，在历史叙述中也透露着生命哲理"。该书主要向读者展示了史铁生的经典作品，以使读者更好地理解史铁生。（邵红梅）

散文、纪实类

《唐宋八大家散文选》

明代提出"唐宋八大家"一说，得到了后世的认可，表明唐宋八大家散文崇高的历史地位。《唐宋八大家散文选》收录了唐宋八大家散文共七十八篇。每篇文章分为"简说"（简洁点明散文的主题）、"原文"、"简注"、"译文"四个方面，方便中学生读者阅读理解。学习这本书，可以积累文言知识，提高古文阅读能力；可以学习散文章法，提高写作能力；可以了解人文历史，传承优秀传统文化。

可参照观看或阅读北师大著名学者康震在央视《百家讲坛》主讲的"唐宋八大家"或"康震评说唐宋八大家"系列书籍。（黄耀新）

《朱自清散文集》

朱自清先生的精选优秀散文作品。作为一位散文大家，朱自清以他独特的美文艺术风格，为中国现代散文增添了瑰丽的色彩，为建立中国现代散文全新的审美特征，树立了"白话美文的模范"。朱自清是一位文化多面手，他给后人留下了近二百万字的文学遗产。然而，他对中国现代新文学的最突出贡献，无疑是他所擅长的散文小品。他继承了中国古典文学的优秀传统，在中西文化交流的大背景之下，创造了具有中国民族特色的散文体制和风格。（张艳茹）

《随想录》

《随想录》是巴金一生的心血。他在晚年写下。以此来履行一个知识分子应尽的历史责任，从而达到了文学和思想的高峰。他在《随想录》中痛苦回忆，深刻反思，完成了最真实人格的塑造。

《随想录》收录巴金先生"文革"结束后创作的一百五十篇文章，分为《随想录》《探索集》《真话集》《病中集》《无题集》共五集，统称"随想录"。（胡秋君）

《我们仨》

杨绛（1911—2016）创作的散文集，讲述了一个单纯温馨的家庭几十年平淡无奇、相守相助、相聚相失的经历。作者杨绛以简洁而沉重的语言，回忆了先后离她而去的女儿钱瑗、丈夫钱锺书，以及一家三口那些快乐而艰难的日子。《我们仨》自始至终彰显着近代中国知识分子的人文情怀：一是挚爱亲情的浓墨抒发；二是爱国情操的本然流露；三是知识分子人格精神的宁和凸现。作品用朴实的语言和生活化的态度，向读者讲述了一个观点，那就是：只有家，才是最好的港湾。（胡秋君）

《负暄琐话》

张中行（1909—2006）的一本随笔性质的书。作者取晒太阳时闲话之义，于80年代前期著文，写30年代前期以北京大学为中心的旧人旧事，得章太炎、黄晦闻等六十余篇。用意是记可传之人、可感之事和可念之情。作者说"是当作诗和史写的"，因而笔下总是轻松中含有严肃，幽默中含有泪水。（张艳茹）

《汪曾祺散文集》

汪曾祺（1920—1997），当代著名的作家、戏剧家，京派作家的代表人物。在短篇小说创作上颇有成就。著有小说集《邂逅集》，小说《受戒》《大淖记事》，散文集《蒲桥集》，大部分作品收录在《汪曾祺全集》中。被誉为"抒情的人道主义者，中国最后一个纯粹的文人，中国最后一个士大夫"。

汪曾祺的散文没有结构的苦心经营，也不追求题旨的玄奥深奇，平淡质朴，娓娓道来，如话家常。他以个人化的细小琐屑的题材，使"日常生活审美化"，以平淡、含蓄节制的叙述，让人重温曾经消逝的古典主义的名士风散文的魅力，从而折射出中国当代散文的空洞、浮夸、虚假、病态，让真与美、让日常生活、让恬淡与雍容回归散文，让散文走出"千人一面，千部一腔"。（王永娟）

《文化苦旅》

余秋雨（1946— ）的第一部散文集。该书获得了全国金钥匙图书二等奖、上海市优秀图书一等奖、上海市第二届文学艺术成果奖、台湾最佳读书奖。《文化苦旅》虽有一"旅"字，却与常规的"游记"大相径庭：其重心并非见闻描述，也非一般意义的借景抒情，而是凭借山水风物来寻求文化灵魂和人生真谛，探索中国文化的历史命运和中国文人的人格。《文化苦旅》的一个创新之处是在一篇散文中囊括了思想、文化、民俗等甚至更多方面的内容，使散文内涵更加丰富，为当代散文领域开垦了一块崭新的土地。（王永娟）

《梁衡散文集》

当代散文家、学者、新闻理论家、政论家和科普作家梁衡（1946— ）的散文作品集。梁衡的散文具有浓厚的家国情怀。充溢的激情蕴藏在深沉的思考中，充满智慧的哲思与感悟，显示出大气磅礴的深刻思想和大散文的气韵。（黄耀新）

《贾平凹散文》

贾平凹（1952— ），当代著名作家。书中除精选了作者的代表性散文作品外，还辅以若干幅反映作者人生历程的珍贵照片。本书为"中华散文插图珍藏版"文学丛书之一。贾平凹的散文内容浩瀚，五彩缤纷，内容极为宽泛，对社会人生的独特体察、个人内心的情绪变化、偶然感悟的哲理等皆可入文。贾平凹的大部分散文都闪烁着哲理的火花。这种哲理多出自作家生活的体验和感悟，而非前人言论的重复，哲理的诠释过程也就是文章的重心，极富情致和个性，代表作有《丑石》《一棵小桃树》《文竹》等。这些作品在简短的篇幅中，既没有玄奥的言辞，也没有空洞的说教，只是以一个经历者的身份讲述一个个富有哲理的故事。娓娓动听，从容不迫，绝不自

以为是，不炫耀，不张扬。（张艳茹）

《沉默的大多数》

杂文随笔集，作者王小波（1952—1997）被誉为中国的乔伊斯兼卡夫卡，曾经引发过"王小波热"文化现象。首先要说这本书不容易读懂，王小波的父亲是人民大学的逻辑学教授，王小波特立独行，深具批判精神，他的书有逻辑，有深度，有智慧；而他还有荒诞不经的想象力和妙趣横生的语言。书中内容涉及思想文化、道德伦理、社会问题、文艺评论等许多方面，也许你会觉得艰深难懂，也许你会在阅读中会心一笑。（韩丽）

《今世的五百次回眸》

毕淑敏（1952—　），国家一级作家、文学硕士、内科主治医师、注册心理咨询师。本书收录毕淑敏经典情感散文六十多篇，作者用独特的笔触和特有的慧敏，把一件件生活小事、一个个平凡人物写得妙趣横生。对爱情、亲情、友情和家庭一往情深的倾诉，于平凡中彰显睿智，直入人生、生命和人性的最深处，给人一种亲切、真实的美感。（黄耀新）

《北京：城与年》

"新散文"代表作家宁肯的散文集。宁肯（1959—　）生于北京，在胡同长大，个人的成长与城市的发展交织在一起，给他的生命和回忆留下独特的印记。这部散文集以小说家之笔，捕捉北京的流年碎影：红塔礼堂、新华书店、北京图书馆、美术馆、1969 年的冰雹、1976 年的冲击波……读者可以看到北京城的旧貌与旧事，还可以从历史和人性的深处探寻生命的成长。（韩丽）

《跟着农历走一年》

北京师大附中的语文特级教师邓虹创作的校园散文集。"既有语文教师的激情与浪漫，更有知识女性的聪颖与智慧"，她把二十四节气的时令变化与北师大附中的校园文化精准结合，构成一幅幅生动的画面，演绎出一个个精彩故事。都市喧嚣中，人们常常被城市节奏带动着疾行，在人流涌动中迷失方向，这本书将带你随着大地的律动静下来，慢下来，因为书中有对自然深刻细微的观察和描写，有着作家独特的文学文化素养、心性品行情怀。（韩丽）

《晏子春秋》

记载春秋时期齐国政治家晏婴（前 578—前 500）言行的一部历史典籍，用史料和民间传说汇编而成。书中记载了很多晏婴劝告君主勤政，不要贪图享乐，以及爱护百姓、任用贤能和虚心纳谏的事例，成为后世人学习的榜样。《晏子春秋》共八卷，包括内篇六卷（谏上下、问上下、杂上下），外篇二卷，计二百一十五章，全部由短篇故事组成。全书通过一个个生动活泼的故事，塑造了主人公晏婴和众多陪衬者的形象。这些故事虽不能完全做信史看待，但多数是有一定根据的，可与《左传》《国语》《吕氏春秋》《论语》等书相互印证，作为反映春秋后期齐国社会历史风貌的史料。（张艳茹）

《左传》

全称《春秋左氏传》，相传是春秋末年鲁国的左丘明（前502—前422）为《春秋》作的注，是中国第一部叙事详备的编年体史书。维护周礼，尊礼崇德，站在儒家立场上总结历史的经验教训，做出对历史事件和历史人物的道德伦理评价，为人们提供历史的借鉴。是儒家经典（"十三经"）之一。《左传》被称为"先秦散文叙事之最"，标志着我国叙事散文的成熟。首先，其叙述真实生动，头绪清楚，注意伏线，重点突出。其叙事方法也多种多样，奇正变化，神妙莫测。其次，所写人物众多，个性鲜明，运用了多种多样的方法刻画人物。再次，《左传》的语言简练而丰润，含蓄而畅达，曲折尽情，极富表现力，无论叙述语言还是人物语言大都能如此。史学和文学成就都很高。（黄耀新）

《史记》

西汉史学家司马迁（前145—？）撰写的史书，是中国历史上第一部纪传体通史，记载了上至上古传说中的黄帝时代，下至汉武帝太初四年间共三千多年的历史。全书共一百三十篇、五十二万六千五百余字，包括十二本纪（记历代帝王政绩）、三十世家（记诸侯国和汉代诸侯、勋贵兴亡）、七十列传（记重要人物的言行事迹，主要叙人臣，其中最后一篇为自序）、十表（大事年表）、八书（记各种典章制度，记礼、乐、音律、历法、天文、封禅、水利、财用）。《史记》被列为"二十四史"之首，与后来的《汉书》《后汉书》《三国志》合称"前四史"，对后世史学和文学的发展都产生了深远影响。《史记》还被认为是一部优秀的文学著作，在中国文学史上有重要地位，被鲁迅誉为"史家之绝唱，无韵之《离骚》"，有很高的文学价值。（邵红梅）

《资治通鉴》

北宋史学家司马光（1019—1086）历时十九年三编而成的中国第一部编年体通史。它以时间（前403—959）为纲，事件为目，以政治、军事和民族关系为主，兼及经济、文化和历史人物评价，目的是通过对事关国家盛衰、民族兴亡的统治阶级政策的描述警示后人。宋神宗认为此书"鉴于往事，有资于治道"，所以定名为《资治通鉴》。该书因司马光一人精心定稿，统一修辞，故文字优美，叙事生动，有相当高的文学价值，历来与《史记》并列为中国古代之史家绝笔。毛主席读过十七遍，且每次都做了笔记，并评价说："一十七遍，每读都获益匪浅。一部难得的好书！"（黄耀新）

《东周列国志》

明代长篇白话历史演义小说，明末冯梦龙在前人基础上改编，清蔡元放又做了一番修改。描写春秋战国时代（西周末年至秦统一六国）五百多年间的"列国"故事。其中叙写的事实，取材于《战国策》《左传》《国语》《史记》四部史书，将分散的历史故事和人物传记按照时间顺序穿插编排，冶为一炉，成为一部结构完整的历史演义。阅读先秦的诸子或历史散文著作，必须了解先秦的历史。大体了解先秦的历史，阅读这本小说是个捷径。（黄耀新）

《明朝那些事》

网络上连载的明朝历史故事，掀起了明朝热。这是一套非常值得阅读的关于明史的书籍。销量过五百万册，为三十年来最畅销之史学读本。主要讲述的是从 1344 年到 1644 年这三百年间关于明朝的一些故事。以史料为基础，以年代和具体人物为主线，并加入了小说的笔法，语言幽默风趣。在不歪曲目前已知史实的情况下，对明朝十七帝以及其他王公权贵和小人物的命运进行全景展示，尤其对官场政治、战争、帝王心术着墨最多，并加入对当时政治经济制度、人伦道德的演绎。

它以一种网络语言向读者娓娓道出明朝三百多年的历史故事、人物。其中原本在历史中陌生、模糊的历史人物在书中一个个变得鲜活起来。《明朝那些事儿》为读者解读历史中的另一面，让历史变成一部活生生的生活故事，并能引起读者的共鸣与思考。总的来说，是一套值得完整阅读两到三次的作品了。（梁娟）

《易中天中华史》

2012 年《易中天中华史》方案启动。易中天设想，从 2013 年 5 月起，每季两卷与读者见面，至 2018 年出齐三十六卷。在易先生看来，"二十四史"基本是"帝王家谱"，《资治通鉴》则是可供统治者借鉴的历史经验和教训。正因如此，汗牛充栋的各类中华史，大多没有全球视野和现代史观，因此他将在直觉、逻辑和证据的基础上，以颠覆传统史学著作的写作方法、优美诗意的语言、独特创新的全球视角，书写人们"不知道和想知道"的历史。"通古今之变，成一家之言。"书中少讲"发生了什么"，多分析"为什么发生"，讲究人性和历史的逻辑。不喋喋不休，不枯燥乏味，简明生动，适合中学生阅读。（黄耀新）

《极简欧洲史》

澳大利亚知名历史学家约翰·赫斯特以清晰、幽默、发人深省的笔调，杂以活泼的插图，梳理了欧洲文明所以能改变全世界的各种特质，叙述了一个不同凡响的文明，及其对人类社会的巨大冲击与巨大贡献。虽然极简，但是脉络非常清晰，便于我们从宏观历史上了解把握西方（欧洲）文化。（黄耀新）

《唐才子传》

元代文学家辛文房撰。记载唐、五代诗人简要评传的汇编集，被列入国学入门必读书目之中。全书共十卷，此书对中晚唐诗人事迹所记尤详，也包括部分五代诗人。按诗人登第先后为序。书中保存了唐代诗人大量的生平资料，对其科举经历的记叙更为详备。传后又有对诗人艺术得失的品评，多存唐人旧说，其中颇有精辟之见。但所述也有失实、谬误之处。（邵红梅）

《浮生六记》

清代文学家沈复（1763—1832）以夫妇生活为主线，描述了平凡而又充满情趣的居家生活和浪游各地的所见所闻。作者和妻子陈芸情投意合，想要过一种布衣蔬食又从事艺术的生活，由于封建礼教的压迫与贫困生活的煎熬，终至理想破灭。本书文字清新真率，无雕琢藻饰痕迹，情节则伉俪情深，至死不复；始于欢乐，终于忧患，飘零他乡，悲切动人。（王永娟）

《苏东坡传》

现代作家林语堂最得意的作品，中国现代长篇传记开标立范之作。第一卷写苏东坡的童年和青年时代，第二卷写他的壮年时期，第三卷写他的成熟阶段，第四卷写他被迫害后的流放生涯。书中讲述苏东坡是一个秉性难改的乐天派，是悲天悯人的道德家，是散文作家，是新派的画家，是伟大的书法家，是酿酒的实验者，是工程师，是假道学的反对派，是瑜伽术的修炼者，是佛教徒，是士大夫，是皇帝的秘书，是饮酒成性者，是心肠慈悲的法官，是政治上的坚持己见者，是月下的漫步者，是诗人，是生性诙谐爱开玩笑的人。但是这还不足以道出苏东坡的全部……苏东坡比中国其他诗人更具有多面性天才的丰富感、变化感和幽默感，智能优异，心灵却像天真的小孩——这种混合等于耶稣所谓蛇的智慧加上鸽子的温文尔雅。（邵红梅）

《东坡》

从来没有一部传记写得这么诗意，给大词人苏东坡写的传记又怎能那么古板老套？作者子金山，原名孙铁岭，"自幼生长齐鲁，棋剑双修，中半即弃，弃武从文，著文为趣，侃史为乐"。曾被网友们恭维为词曲大师、对联联王、一代侃爷！苏东坡，豪放派词人，文艺通才，官至翰林学士知制诰！子金山以轻松文笔细品苏东坡人生故事，真实详尽再现旷世奇人苏东坡不可救药的快乐人生。苏东坡加上子金山，怎一个阅读快乐了得？（韩丽）

《杜甫传》

冯至（1905 — 1993），诗人、学者。《杜甫传》是一部融自己的人生经验、创作体会和研究心得于一炉的著作，也由此冯至成为继闻一多之后的又一位致力于杜甫研究、致力于向文学界和全社会传扬杜甫精神的著名诗人。他是中国文学研究者，其治学严谨认真，与其诗歌风格一样，抒情而不恣情，凝练而不怪异，《杜甫传》即此一特点的具体体现。（韩丽）

《傅雷家书》

傅雷（1908—1966），我国著名文学艺术翻译家，毕生翻译作品三十四部。《傅雷家书》摘编了傅雷及夫人 1954 年至 1966 年 5 月间写给孩子傅聪（著名钢琴大师）、傅敏（英语特级教师）的一百八十六封家信，最长的一封信长达七千多字。该书是一本优秀的青年思想修养读物，字里行间充满了父亲对儿子的挚爱、期望，以及对国家和世界的高尚情感。（韩丽）

《撒哈拉的故事》

台湾女作家三毛（1943—1991）最脍炙人口的作品。旅行和读书是三毛生命中的两颗一级星，最快乐与最疼痛都夹杂其中。本书主要描写了三毛和荷西在撒哈拉沙漠生活时的所见所闻，与当地相识朋友的故事，每个故事都透露出这个隐忍女子对生活的热爱和面对困难的坚定。三毛用自己的心去适应、关怀这片大沙漠，在她的笔下，那些撒哈拉沙漠的人和物变得丰富多彩。她以一个流浪者的口吻，轻松地讲述着她在撒哈拉沙漠零散的生活细节和生活经历：沙漠的新奇、生活的乐趣、千疮百孔的大帐篷、铁皮做的小屋、单峰骆驼和成群的山羊。书中无论是荷西把粉丝当作雨来吃，还是他们简单得不能再简单的婚礼，或是白手起家建立他们沙漠上最美丽的房子，都渗透着彼此间浓浓的温馨的爱意。（邵红梅）

《西南联大行思录》

当代导演、作家张曼菱（1948— ）著。本书是作者浸润于"西南联大"的成果。其间，作者走访海峡两岸的西南联大老校友，亲身接触、交谈，拍摄出电视纪录片数部，积累案头笔记、文献等一手材料不计其数，甚至不乏独家所有。作者寻访西南联大老校友，目的在于寻访"西南联大精神"——在中西合璧下，既有"天下兴亡，匹夫有责"，也有"独立人格，自由精神"。本书用文学化的语言进行纪实性的描述，在一个个小专题内，可见出西南联大人活生生的精神面貌，对国家、民族的赤诚与担当，更可见出作者对当下文化教育建设的思考与忧虑。从"西南联大"到今天，历史的精神就在"行"与"思"之间跳动，对那激情岁月与美好人格的怀念向往，跃然纸上。(邵红梅)

《苦难辉煌》

国防大学战略研究所所长金一南（1952—　）将军创作的纪实文学《苦难辉煌》，运用了许多鲜为人知的史实资料，在许多重大事件上做了独特的解读和分析，以加深人们对中国革命艰巨性、复杂性的认识。被评价为"一部以全新的战略视野全方位描述中共党史和中国人民解放军军史的著作"，引发了较大社会反响。视野开阔，是第一本把中共早期历史放在国际大背景下解读的图书；思路新颖，是第一本用战略思维、战略意识点评历史的图书；文笔生动，是第一本可以作为大散文欣赏的历史图书。本书知识性、思想性、文学性俱佳，既充满理性，又不乏激情，引人入胜，耐人寻味。(黄耀新)

《朝鲜战争》

军旅作家王树增（1952—　）的长篇纪实文学。记录了20世纪50年代初，刚刚建立的新中国与世界头号强国美国之间发生的一场以弱胜强的战争。强大的美国军队称他们在朝鲜的失败是"一个令人啼笑皆非的结局"。这一仗，打出了中国人的威风和志气，打出了新中国的国际威望，打出了东北亚六十年的和平。本书全景、翔实、生动地再现了那场为了和平和尊严而进行的战争，是一部撕开创伤，抒写战争惨烈与悲壮、胜利与辉煌的杰作，创造中国战争文学的全新文本，成为畅销十年的经典读本。（黄耀新）

《蚕丝——钱学森传》

作家、历史学家张纯如（1968—2004）为中国载人航天事业奠基人、世界著名科学家钱学森写的传记。她的书，文笔洗练，故事性强。阅读这本书，你将会了解一位最严谨、最具科学精神的天才如史诗般传奇的一生。（韩丽）

《大地悲歌：屈原传》

作者窦学欣。本书以时间顺序为脉络，对屈原的人生做了一个全景式描绘，力求以真挚的情感，再现屈原真实的人生。从少年时的风华绝代，到青年时的博闻强识；从为官时的鞠躬尽瘁，到被流放时的无限悲愤，以及当国破家亡的消息传来时，他最终选择魂归汨罗。将他的才华、他多舛的命运、他"虽九死其犹未悔"的执着爱国精神完全展现在你的面前。（梁娟）

《天才在左，疯子在右》

畅销书作家高铭（1974— ）以访谈录的形式记载了生活在另一个角落的人群（精神病患者、心理障碍者等边缘人），深刻、视角独特的所思所想，让人们可以了解到疯子抑或是天才真正的内心世界。（邵红梅）

《希腊罗马神话》

布尔芬奇（1796—1867）编著，杨坚译。作者是美国神话学者和普及神话知识的著名作家，用散文形式叙述了希腊罗马神话中最经典的故事。本书"既是娱乐的源泉，又可用来传授关于神话的知识"。古希腊罗马神话是西方文化源头之一，是了解西方文化应该读的。（黄耀新）

《忏悔录》

作者卢梭（1712—1778）是法国18世纪启蒙思想家和文学家。这是一部自传，是这个世界上一切自传作品中最有价值的一部，是世界文学史上的一部奇书。记载了作者五十多年的生活经历。名为"忏悔"实为"控诉"。卢梭追求绝对的真实，把自己的缺点和过错完全暴露出来，他对自己进行了血淋淋的剖析，其坦率和真诚达到了令人想象不到的程度。最直接的动机和意图，显然是要阐述他那著名的哲理：人性本善，但罪恶的社会环境却使人变坏。这是一部最活生生的个性解放的宣言书，是法国教育系统让青年人研读最多的经典作品。这本书在五四运动之后译介到中国，影响了鲁迅、郁达夫、巴金等人的创作。推荐黎星、范希衡的译本。（韩丽）

巨人三传

法国作家罗曼·罗兰的传记作品，包括《贝多芬传》《米开朗琪罗传》和《托尔斯泰传》三部传记。传记里的三个人，一个是音乐家，一个是雕塑家兼画家，一个是小说家，各有自己的园地。三部传记都着重记载伟大的天才在人生忧患困顿的征途上，为寻求真理和正义，为创造能表现真、善、美的不朽杰作，献出了毕生精力的故事。他们或遭受着病痛的折磨，或身处悲惨的境遇，或经历着内心的惶惑矛盾，或三者交叠加于一身，深重的苦恼，能让人丧失理智甚至窒息。他们之所以能坚持自己艰苦的历程，全靠他们对人类的爱、对人类的信心。贝多芬供大家欣赏的音乐，是他"用痛苦换来的欢乐"。米开朗琪罗留给后世的不朽杰作，是他一生血泪的凝聚。托尔斯泰在他的小说里，描述了万千生灵的渺小与他们伟大的心灵，描述了他们的痛苦以及痛苦中得到的和谐，借以播送爱的种子。此三传是作者的代表作之一。推荐傅雷的译本。（王永娟）

《假如给我三天光明》

美国女作家海伦·凯勒（1880—1968）的自传。海伦·凯勒小时候因猩红热而盲聋，接着又丧失了语言表达能力。后来在老师的帮助下，成为一个学识渊博，掌握英、法、德、拉丁、希腊五种文字的著名作家和教育家。海伦·凯勒堪称人类意志力的伟大偶像，赢得了世界各国人民的赞扬，被《时代》周刊评为20世纪美国的十大偶像之一。《假如给我三天光明》想象丰富，文笔流畅，思想深刻，感情真挚而强烈。是一本难得的励志书。李汉昭、徐旸、王家湘的译本都不错。（黄耀新）

《人类群星闪耀时》

"历史上最好的传记作家"——奥地利作家茨威格（1881—1942）的传记名作之一。本书共收入他的历史特写十四篇，分别向我们展现了十四个决定世界历史的瞬间。而这十四个历史瞬间神奇地降临到十四位传主的身上，他们或是被命运高高举起，送入英雄们的殿堂；或是被狠狠嘲弄，抛入千秋遗恨的行列。当强烈的个人意志与历史宿命碰撞之际，火花闪烁，那样的时刻从此照耀着人类文明的天空。推荐潘子立的译本。（邵红梅）

《居里夫人传》

居里夫人的女儿艾芙·居里（1904—2007）通过引用父母的许多信札和日记，详细叙述了两次诺贝尔奖获得者法国波兰裔著名科学家居里夫人自强不息的一生，着重描写居里夫妇的工作精神和处世态度。推荐左明彻的译本。（黄耀新）

《拿破仑传》

德国作家鲁特维克（1881—1948）著。本书从心理学的角度出发，结合大量真实史料，详细描述了拿破仑这位世界改变者的传奇经历和心路历程。（黄耀新）

《当呼吸化为空气》

这是一本生命笔记，或者叫励志文学。2016 年全球最受瞩目的一本书。作者保罗（1977—2015）是一位天才医生，他获得过美国神经外科医生协会最高奖，三十五岁接近事业巅峰时，检查出肺癌，他开始记录自己的余生，思考人性、生死、医疗。文笔优美，感情真挚，读之令人动容。（韩丽）

《老舍幽默诗文集》

2004 年 1 月由人民文学出版社出版的图书，作者是老舍。凡是为逗人哈哈一笑，没有更深刻的意义的，都可以算作"滑稽"，而幽默则须有思想性艺术性。所谓幽默感就是看出事物的可笑之处，再用可笑的话，来解释它，或用幽默的办法解决问题。幽默作家的幽默感，使他既不饶恕坏人坏事，同时他的心地是宽大爽朗、会体谅人的。假若他自己有短处，他也会幽默地说出来，决不偏袒自己。

（邵红梅）

诗歌、戏剧类

《诗经选译（修订版）》

程俊英、蒋见元选译。《诗经》是我国现实主义诗歌的源头。本书从《诗经》中选取八十篇介绍给读者，除原诗外，每首诗包括题解、注释、译文三部分。题解采取"就诗论诗"态度，尽量反映诗歌的原意；注释以浅显易懂为原则，比较简单，是对译文的辅助。译诗基本上做到了逐句紧扣原诗。本书侧重于对全诗的文意疏通，通篇理解，适于中学生和一般文学爱好者阅读。（黄耀新）

《楚辞选译》

李山选译。《楚辞》是我国浪漫主义诗歌的源头，其丰沛的激情、瑰丽的想象、惊艳的词采，对后世产生极大的影响。本书精心选取楚辞作品29篇，详加注释、译解。注释详切，语言优美，准确传达出楚辞的动人魅力。前言部分对《楚辞》做了精到的评介。是中学生和一般文学爱好者学习楚辞的理想读物。（黄耀新）

《苏轼诗词选》

苏轼学博才高，极具灵心慧眼，对人生持超旷的态度，其诗词纵意自如，触处生春，多发妙理新意，是古今中外人人喜爱的宋代诗人。本书精选苏轼诗词，加以精练注释，参酌采用旧注的成果，择善而从，对旧注的错误也有所驳正。注释文字活泼，言简意赅，时有新见，对读者很有启发。宋诗能于唐诗之后别开生面，苏轼起了关键性的作用。他在开拓诗境和诗的表现手法方面能与唐人争胜，其以文为诗、以才学为诗的显著特色，在宋代即被称为"东坡体"，造就了宋诗的新生命。苏轼更是以词著称，他开创了宋词"豪放"一派，但并非全是豪放。本书不但选取了大量豪放词，也精选了不少婉约细腻之作。阅读本书，希望读者能对苏轼的诗词风格有较全面的了解。（黄耀新）

《辛弃疾词集》

该书收录了辛弃疾的《汉宫春》《满江红》《水调歌头》等词。在唐宋词史上，辛弃疾历来以豪放著称。而"豪放"既体现为由题材、意境、情感等有机结合所呈现的创作风格，又体现为一种放笔快意、摆脱束缚的创作个性。辛弃疾在词体写作上如此全方位、大尺度地出位与突破，无怪乎时人评曰："东坡为词诗，稼轩为词论。"苏轼"以诗为词"，辛弃疾"以文为词"，为通行既久，已成习套的词体开出新境，使词的创作摆脱羁绊，进入自由的境界，从而带来宋词繁荣发达、多姿多态的昌盛局面。（张艳茹）

《猛虎集》

诗集收录了徐志摩的诗作三十四首，另有译诗七首。《猛虎集》在艺术上达到了炉火纯青的高度。不论是构思的巧妙独特、语言的通脱练达、意境的深切超逸，都可以说是诗人创作生涯中的高峰。《我等候你》《再别康桥》《我不知道风——是在哪一个方向吹》等作品，都是脍炙人口的名篇，有着相当高的艺术成就。（邵红梅）

《唐诗鉴赏辞典》（精装）

由萧涤非、程千帆、马茂元、周汝昌、周振甫、霍松林等古典文学专家撰写的赏析文章。选收唐诗名篇一千一百零五篇，全书约一百八十万字。以《唐诗鉴赏辞典》为代表的文学鉴赏辞典系列，融工具书和文学赏析读物为一体，开创了中国辞书新品种。所收唐诗作品面广，各种艺术流派的诗篇兼收并蓄，较全面地展现了唐诗绚丽多彩的艺术风姿。（邵红梅）

《宋词鉴赏辞典》

作者是夏承焘等。是文学鉴赏辞典系列之一。作为文学样式之一的词，其鼎盛之时在两宋时期，人们多习惯于将唐诗宋词并举对立，宋词与唐诗、元曲成为我国诗歌史上的三大奇葩。因此，有相当多的读者希望能单独出版一部《宋词鉴赏辞典》。为满足广大读者的需求，上海辞书出版社从原《唐宋词鉴赏辞典》中辑出宋、辽、金部分，编成这部《宋词鉴赏辞典》。（邵红梅）

《荷马史诗》

相传是由古希腊盲诗人荷马创作的两部长篇史诗——《伊利亚特》和《奥德赛》，是他根据民间流传的短歌综合编写而成的。《伊利亚特》和《奥德赛》的主题分别是在特洛伊战争中阿喀琉斯与阿伽门农间的争端，以及特洛伊沦陷后奥德修斯返回绮色佳岛上的王国，与妻子珀涅罗珀团聚的故事。

荷马史诗的两部史诗都分成二十四卷。以扬抑格六音部写成，集古希腊口述文学之大成，是古希腊最伟大的作品，也是西方文学中最伟大的作品。西方学者将其作为史料去研究公元前 11 世纪到公元前 9 世纪的社会和迈锡尼文明。它在历史、地理、考古学和民俗学方面也提供给后世很多值得研究的东西。推荐陈中梅的译本。（胡秋君）

《神曲》

著名意大利诗人但丁（1265—1321）创作的长诗。作者通过与地狱、炼狱以及天堂中各种著名人物的对话，反映出中古文化领域的成就和一些重大的问题，带有"百科全书"性质，从中也可隐约窥见文艺复兴时期人文主义思想的曙光。

全诗分为三部分：《地狱》《炼狱》和《天堂》，以长诗的形式，叙述了但丁在"人生的中途"所做的一个梦，以此来谴责教会的统治。长达一万四千余行的史诗中，但丁坚决反对中世纪的蒙昧主义，表达了执着地追求真理的思想，对欧洲后世的诗歌创作有极其深远的影响。

《神曲》原名《喜剧》，薄伽丘在《但丁传》中为了表示对诗人的崇敬，给这部作品冠以"神圣的"称谓。后来的版本便以《神圣的喜剧》为书名。中译本通称《神曲》。推荐田德望和朱维基的译本。（胡秋君）

《失乐园》

英国政治家、学者弥尔顿（1608—1674）创作的史诗。取材自《圣经·旧约·创世纪》，全文十二卷，以磅礴的气势揭示了人的原罪与堕落。讲述叛逆之神撒旦，因为反抗上帝的权威被打入地狱，却毫不屈服，为复仇寻至伊甸园。亚当与夏娃受被撒旦附身的蛇的引诱，偷吃了上帝明令禁吃的知识树上的果子。最终，撒旦及其同伙遭谴全变成了蛇，亚当与夏娃被逐出了伊甸园。

作品说明人类从不识不知的原始社会进入生产劳动的文明社会，必须依靠知识和劳动。同时，宇宙间本身就有正反相对、相互矛盾的两种势力存在，人类历史上也反复出现过变革、斗争的流血事件，出现过失乐园的悲剧。

《失乐园》与荷马的《荷马史诗》、阿利盖利·但丁的《神曲》并称为西方三大诗歌。

推荐朱维之的译本。（胡秋君）

《恶之花》

法国现代派诗人波德莱尔（1821—1867）的一部诗集，它是一本有逻辑、有结构、有头有尾、浑然一体的书。《恶之花》中的诗不是按照写作年代先后来排列，而是根据内容和主题分属六个诗组，是一部表现西方精神病态和社会病态的作品。波德莱尔的天分，表现在他能在恶的世界中发现美，也能在美的体验中感受到恶的存在，并通过诗歌化腐朽为神奇。

《窦娥冤》

元代著名戏曲家关汉卿（1234—约1300）创作的杂剧。第三折是高中语文课本里的传统篇目。该剧悲剧气氛浓烈，人物形象突出，故事情节生动，主题思想深刻，既洋溢着浓郁的生活气息，又充满奇异的浪漫色彩，具有震撼人心的艺术力量。是中国古典悲剧的代表作，影响深远。至今人们还经常用"我比窦娥还冤"来调侃自己蒙冤。（黄耀新）

《西厢记》

元代著名戏曲家王实甫（1260—1336）创作的杂剧。全剧叙写了书生张君瑞与相国小姐崔莺莺在侍女红娘的帮助下，冲破重重阻挠终成眷属的故事，具有很浓的反封建礼教的色彩。该剧以很高的艺术水平来展现一个美丽的爱情故事，表达了"愿天下有情人都成眷属"的爱情观。情节引人入胜。主要人物张生、崔莺莺、红娘都有鲜明的个性，彼此衬托，相映成辉。其中"红娘"成了媒人的代名词。语言优美而极富于表现力，文采斐然，极具诗情画意。是一部精致的典范之作。（黄耀新）

《牡丹亭》

被称为中国的莎士比亚的明代戏曲家汤显祖（1550—1616）创作的传奇（戏剧）。太守家小姐杜丽娘一日在花园中睡着，与一名年轻书生在梦中相爱，醒后抑郁而终。她嘱咐丫鬟将其自画像藏在太湖石底。三年后，柳梦梅赴京应试，拾得画像，发现正是梦中佳人。杜丽娘魂游后园，和柳梦梅再度幽会。柳梦梅掘墓开棺，杜丽娘起死回生，两人结为夫妻。女主角杜丽娘是古典戏曲中最可爱的少女形象之一。《牡丹亭》的感人力量，在于它用浪漫主义手法表达了强烈的反礼教、反封建色彩，焕发出追求个性自由的光辉理想。此剧表达了当时广大男女青年要求个性解放，要求爱情自由、婚姻自主的呼声，并且披露了封建礼教对人们幸福生活和美好理想的摧残。（黄耀新）

《长生殿》

清初剧作家洪昇（1645—1704）创作的传奇（戏剧），共二卷。全剧共五十出。前半部分写李、杨定情，长生殿盟誓，安史乱起，马嵬之变，杨玉环命殒黄沙的经过。后半部分大都采自野史传闻，写安史之乱后玄宗思念贵妃，派人上天入地，到处寻觅她的灵魂；杨玉环也深深想念玄宗，并为自己生前的罪愆忏悔。他们的精诚感动了上天。在织女星等的帮助下，终于在月宫中团圆。《长生殿》重点描写了唐朝天宝年间皇帝昏庸、政治腐败给国家带来的巨大灾难，导致王朝几乎覆灭。剧本虽然谴责了唐玄宗的穷奢极侈，但同时又

表现了对唐玄宗和杨玉环之间爱情的同情，间接表达了对明朝统治者的同情，还寄托了对美好爱情的理想。（张艳茹）

《桃花扇》

中国清代著名的传奇剧本，作者是孔尚任（1648—1718），是他历经十余年三易其稿而完成的。此剧表现了明末时以复社文人侯方域、吴次尾、陈定生为代表的清流同以阮大铖和马士英为代表的权奸之间的斗争，揭露了南明王朝政治的腐败和衰亡原因，反映了当时的社会面貌。即作者自己所说：借离合之情，写兴亡之感，实事实人，有凭有据。通过侯方域和李香君悲欢离合的爱情故事，表现南明覆亡的历史，并总结明朝三百年亡国的历史经验，表现了丰富复杂的社会历史内容。该剧塑造了一系列栩栩如生的人物形象，悲剧的结局突破了才子佳人大团圆的传统模式，男女之情与兴亡之感都得到哲理性的升华。（张艳茹）

《茶馆》

现代文学家老舍创作的话剧经典。剧作展示了戊戌变法、军阀混战和新中国成立前夕三个时代近半个世纪的社会风云变化。通过一个叫裕泰的茶馆揭示了近半个世纪中国社会的黑暗腐败、光怪陆离，以及在这个社会中的芸芸众生。深刻地表现了旧社会的真实生活，讽刺了旧社会的黑暗。《茶馆》唱响了一曲葬歌，埋葬了三个旧时代。剧中人物众多，个性鲜明，栩栩如生。语言精妙、简洁、生动、幽默、风趣、讽刺、传神、隽永，可以说达到了炉火纯青的艺术境界。

剧作在国内外多次演出，赢得了很高的评价，是中国当代戏剧创作的经典作品。

《雷雨》

现代戏剧家曹禺（1910—1996）著。曾为高考必读十二本名著之一。

这部作品是中国现代话剧成熟的标志，一经发表，就震动了文坛。《雷雨》在中国戏剧史上的地位非同一般。那么，它究竟给我们讲述了一个怎样的故事呢？关于爱情的故事？关于复仇的故事？关于历史的故事？都是，也都不是。总之，这是一幕人生的大悲剧，展示了命运对人残忍的作弄。这里有专制、伪善的家长，热情、单纯的青年，被情爱烧疯了心的女人，痛恨着罪孽却又不自知地犯下更大罪孽的公子哥；这里有家族的秘密、身世的秘密、男人的秘密、女人的秘密；这里夫妻不是夫妻是陌路，父子不是父子是仇敌，母子不是母子是情人，兄弟不是兄弟是主雇，兄妹不是兄妹是爱人；这里有欺骗和罪孽，有悔恨和懦弱，有压抑和阴鸷，也有单纯和憨痴，甚至同一个人身上，我们既能看到人性的真诚又能看到魔性的极端……在这里，有罪的和无辜的，负债的和讨债的，都在一个瞬间被毁灭了！唉，怎一个乱字了得！怎一个悲字了得！复旦大学文学院院长陈思和说："《雷雨》在中国整个戏剧史上、中国现当代文学史上也没有一个作品能够跟它相比。好就好在，《雷雨》是一部谁也说不清楚的作品。一部伟大的作品必然是体现人性的极其丰富，人性太丰富就说不清楚，正因为说不清楚，它才成就了一部说不尽的伟大艺术作品。"

《雷雨》的伟大不仅在于它故事的复杂、人性的丰富，还在于它的精彩的语言。中国现当代文艺理论家钱谷融说："我确实太喜欢曹禺剧本中的语言了，每次读曹禺先生的剧本，总有一种既亲切又新鲜的感觉，他那色彩明丽而又精练生动的语言，常常很巧妙地把我带进一个奇妙的艺术世界，给予我无限的喜悦。"而我读出的却是剧本中语言的强刺激性，而这种刺激性又更多地体现在潜台词当中。

如果说"雷雨"是象征剧中人物命运的一声惊雷，是代表时代变革的一场暴雨，那么它又是中国话剧史上的一声春雷和一场及时的好雨。中国的话剧舞台因为它而倍添光彩，倍增生气。

《雷雨》不仅在国内话剧舞台久演不衰，还多次被拍成电影电视剧作品。（张艳茹）

《日出》

中国现代戏剧家曹禺的名著。《日出》是以30年代初期半殖民地半封建社会中国大都市生活为背景的四幕话剧。《日出》的思想是暴露半殖民地大都市黑暗糜烂面。剧本中心人物是围绕主要人物陈白露展现出来的。《日出》采用了"辐射式结构"以代替《雷雨》的"封闭式结构"。通过对都市群丑和下层被侮辱被剥夺者的描写，反映了20世纪30年代半殖民地中国大都市光怪陆离的社会生活图景，一方面是剥削者、"有余者"贪得无厌，醉生梦死；另一方面是被损害者、"不足者"备受侮辱。"有余者"和"不足者"形成强烈对比，表达了控诉"损不足以奉有余"的黑暗社会的主题。（胡秋君）

《莎士比亚戏剧集》

收录了莎士比亚（1564—1616）的五部戏剧作品，包括了其著名的"四大悲剧"中的《哈姆雷特》《奥赛罗》《麦克白》，早期爱情悲剧《罗密欧与朱丽叶》以及喜剧《仲夏夜之梦》。四大悲剧的创作标志着作者对时代、人生进行了深入思考，并着力塑造了一些新时代的悲剧主人公。这些人物的悲剧，深刻揭示了在资本原始积累时期已开始出现的种种社会罪恶和资产阶级的利己主义，表现了人文主义理想与残酷现实之间矛盾的不可调和，具有高度的概括意义。《罗密欧与朱丽叶》写于1594年，是反映人文主义者的爱情、理想与封建压迫之间冲突的一出充满诗意的悲剧。虽是悲剧，却充满着喜剧作品中对生活的热爱、对幸福的向往和对未来的信心，全剧洋溢着积极向上的乐观主义气氛。《仲夏夜之梦》是威廉·莎士比亚早期的最后一部也是最为成熟的喜剧作品，同时也是威廉·莎士比亚最著名的喜剧之一。整部戏剧情调轻松，所包含的只是纯净的快乐，中间偶尔掠过一丝爱情所固有的烦恼，让人们尽享一部戏剧的狂欢。推荐朱生豪的译本。（王永娟）

《哈姆雷特》

本书以现实主义的创作手法和娴熟的艺术技巧而著称，是英国文豪莎士比亚最负盛名的剧本。具有深刻的悲剧意义、复杂的人物性格以及丰富完美的悲剧艺术手法，代表着整个西方文艺复兴时期文学的最高成就。同《麦克白》《李尔王》和《奥赛罗》一起组成莎士比亚"四大悲剧"。《哈姆雷特》已有近二十个不同的中文译本，比较受推崇的有卞之琳译本、朱生豪译本、梁实秋译本。（黄耀新）

《浮士德》

德国作家歌德创作的一部长达 12111 行的诗剧，共二十五场，不分幕。全剧没有首尾连贯的情节，而是以浮士德思想的发展变化为线索，以德国民间传说为题材，以文艺复兴以来的德国和欧洲社会为背景，写一个新兴资产阶级先进知识分子不满现实，竭力探索人生意义和社会理想的生活道路。是一部现实主义和浪漫主义结合得十分完好的诗剧。

全书有个主题：追求。这是启蒙运动的一个很重要的思想。浮士德博士就是一个永远追求的人物典型，是一种新的时代精神即资产阶级的进取精神的体现者。推荐郭沫若和杨武能的译本。（胡秋君）

《钦差大臣》

俄国讽刺作家果戈理（1809—1852）的代表作，讽刺喜剧。描写纨绔子弟赫列斯达可夫与人打赌输得精光，正一筹莫展，从彼得堡途经外省某市，被误认为"钦差大臣"，在当地官僚中引起恐慌，闹出许多笑话。果戈理以现实主义手法、深厚的功底和灵活的文笔，用喜剧这面镜子照出了当时社会达官显贵们的丑恶原形，从而揭露了农奴制俄国社会的黑暗、腐朽和荒唐反动。该剧是整个俄国官僚界的缩影，堪称俄国戏剧史上的里程碑，对俄国和世界戏剧的发展

产生了重要的影响，具有不朽的艺术魅力。推荐满涛和耿济之的译本。（胡秋君）

《玩偶之家》

挪威戏剧家易卜生（1828—1906）创作的戏剧作品。该戏剧是一部典型的社会问题剧，通过女主人公娜拉与丈夫海尔茂之间由相亲相爱转为决裂的过程，探讨了资产阶级的婚姻问题，暴露了男权社会与妇女解放之间的矛盾冲突，进而向资产阶级社会的宗教、法律、道德提出挑战，激励人们尤其是妇女为挣脱传统观念的束缚，为争取自由平等而斗争。

《玩偶之家》是一部三幕戏剧。为读者塑造了一个鲜活的人物形象——娜拉，娜拉一直被认为是一位追求女性权利的战斗者。在当时的社会背景下，像娜拉这样的有自己独立思想的女性，注定是悲剧结尾，其悲剧原因也异常复杂。推荐潘家洵的译本。（胡秋君）

《等待戈多》

爱尔兰作家诺贝尔文学奖得主贝克特（1906—1989）的荒诞派戏剧代表作，历来被认为是荒诞派戏剧的经典之作。20世纪戏剧创作的巅峰和典范。它表现的是一个"什么也没有发生，谁也没有来，谁也没有去"的悲剧。作品着重表现人的心态、心理活动过程以及人的心理活动障碍。作品中的人物没有鲜明的性格，没有连贯的故事情节。《等待戈多》是戏剧史上真正的革新，也是第一部演出成功的荒诞派戏剧。（梁娟）

图书在版编目(CIP)数据

名校名师名家谈读书 / 黄耀新编著. —北京：中国文史出版社，2020.1

ISBN 978 – 7 – 5205 – 1749 – 2

Ⅰ. ①名… Ⅱ. ①黄… Ⅲ. ①读书方法 Ⅳ.
①G792

中国版本图书馆 CIP 数据核字(2019)第 268988 号

责任编辑：卢祥秋

出版发行：**中国文史出版社**

社　　　址：北京市海淀区西八里庄 69 号院　　邮编：100142

电　　　话：010 – 81136606　81136602　81136603（发行部）

传　　　真：010 – 81136655

印　　　装：廊坊市海涛印刷有限公司

经　　　销：全国新华书店

开　　　本：720 × 1020　1/16

印　　　张：17.75　　　字数：222 千字

版　　　次：2020 年 1 月第 1 版

印　　　次：2020 年 1 月第 1 次印刷

定　　　价：56.00 元